GTB

Gütersloher Taschenbücher

735

Gewidmet drei Vordenkern
des interreligiösen Dialogs

Lionel Blue
Hans Küng
Prinz Hassan von Jordanien

Für Doro, Gav und Avi
in Liebe

Geboren 1942, promovierter Theologe, Rabbiner und Direktor des Leo Baeck Colleges für Jüdische Studien in London, Vizepräsident der World Union for Progressive Judaism, leistete Pionierarbeit in der literarischen Annäherung an biblische Texte.

Im Gütersloher Verlagshaus erschienen von ihm außerdem:
»Das jüdische Gebetbuch« in Zusammenarbeit mit Walter Homolka (1997)
»Mit der Bibel durch das jüdische Jahr« (1998)
»Die subversive Kraft der Bibel« (1998)

Jonathan Magonet

Abraham - Jesus - Mohammed

Interreligiöser Dialog aus jüdischer Perspektive

For Johannes
With best wishes
Jonathan Magonet
23.2.06
Kronach

Gütersloher Verlagshaus

Originalausgabe

Die Deutsche Bibliothek – CIP-Einheitsaufnahme

Magonet, Jonathan: Abraham - Jesus - Mohammed:
interreligiöser Dialog aus jüdischer Perspektive /
Jonathan Magonet. –
Orig.-Ausg. – Gütersloh: Gütersloher Verl.-Haus, 2000
(Gütersloher Taschenbücher; 735)
ISBN 3-579-00735-1

Dieses Werk folgt der reformierten Rechtschreibung und Zeichensetzung. Ausnahmen bilden Texte, bei denen künstlerische oder lizenzrechtliche Gründe einer Änderung entgegenstehen.

ISBN 3-579-00735-1

Umschlaggestaltung: INIT, Bielefeld
Satz: Weserdruckerei Rolf Oesselmann GmbH, Stolzenau
Druck und Bindung: Těšínská Tískárna AG, Český Těšín
Gedruckt auf chlorfrei gebleichtem Werkdruckpapier
Printed Czech Republic

Inhalt

Vorwort

Es sind mehr als dreißig Jahre, die in das Schreiben dieses Buches eingeflossen sind. Es sind dies jedoch Jahre voller Fragmente: Augenblicke der Begegnung, Durchbrüche in der Verständigung, unzählige verteilte und erhaltene Vortragsskripte, gehaltene oder gehörte Vorträge plus Zeiten hektischer Arbeit: der Vorbereitung von Konferenzen, der Auflösung von Missverständnissen, der verzweifelten Übersetzung von zu spät eingetroffenen Vorträgen, des Schwitzens über störrischen Fotokopierern und staubenden Umschlägen. Ein Großteil der Arbeit im interreligiösen Dialog findet hinter den Kulissen statt und verdankt sich einer unsichtbaren Armee von Freiwilligen, die jenen »sicheren Raum« schaffen, in dem Menschen sich begegnen können. Der o.g. Liste von Aktivitäten muss noch Folgendes hinzugefügt werden: nämlich gelegentliche Momente der Reflexion über das Mysterium menschlicher Interaktion und das Nachsinnen über die Frage, was die jüdische Religion in den letzten Jahrzehnten des 20. Jahrhunderts einer Welt der vielen Religionen oder aber keiner zu geben vermag.

Ausgangspunkt dieses Buches waren die vielen Vorträge und Artikel, die ich über die Jahre hinweg entweder zum interreligiösen Dialog direkt oder zur jüdischen Sicht auf spezielle Themen im interreligiösen Kontext verfasst habe. Es ist eine sehr eigentümliche Sache, andere über die jüdische Lehre zu informieren, und ich habe bei der Vorbereitung solcher Veranstaltungen viel gelernt. Wenn ich allerdings meine eigenen Erfahrungen im interreligiösen Dialog beschreiben soll, sind meine Gefühle doch recht ambivalent. Es ist sehr schwierig, die Augenblicke außergewöhnlicher Erregung und Freude, manchmal auch der Frustration und des Schmerzes und auch die stärker persönlichen und privaten Momente in den vielen Begegnungen, Konferenzen und Programmen, an denen ich teilgenommen oder die ich organisiert habe, in eine systematische Form zu bringen. So möchte ich gern auf der persönlichen Ebene bleiben (und dort auch nicht gern zu tiefschürfend befragt werden), denn sie bleibt für mich der Ort, an dem »Dialog« wirklich funktioniert. »Interreligiöser Dialog« ist denn auch nicht mein wissenschaftliches Gebiet, obwohl es sich in einigen Institutionen als eigenständiges Fach zu etablieren beginnt und weiterentwickelt werden muss. Obwohl ich den »Interreligiösen Dialog« als maßgeblichen Teil meiner professionellen Arbeit als Rabbiner betrachte, hoffe ich, dass ich auf diesem Gebiet »Amateur« bleibe – mit der Offenheit und Liebe zum Gegenstand, die diesem Begriff zu Eigen sind.

Genug der Selbstrechtfertigung und zum Buch selbst! Nicht verbergen lässt sich, dass das Buch aus Vorträgen besteht, die zu unterschiedlichen Zeiten vor unterschiedlichen Zuhörerschaften gehalten wurden. Nachdem ich mir aufgrund meiner Arbeit auf dem Gebiet des Dialogs einen gewissen Ruf erworben hatte, haben mich viele Menschen eingeladen, über meine Erfahrungen zu reflektieren oder über den jüdischen Beitrag zu Themen wie Internationale Verständigung oder Erziehung zum Frieden zu sprechen. Meine jahrelange Arbeit in Deutschland hat dazu geführt, dass ich unzählige Male vor christlichen Gruppen gestanden habe, um entweder über das Judentum oder jüdische Interpretationen der Bibel oder Aspekte jüdisch-christlicher Beziehungen zu sprechen. Noch herausfordernder waren Zusammenhänge, in denen die drei monotheistischen oder »abrahamitischen« Religionen zusammenkamen oder die wenigen Gelegenheiten, wenn ich von einer muslimischen Gruppe eingeladen wurde. Die alljährlich stattfindende »Ständige Konferenz von Juden, Christen und Muslimen in Europa« (JCM) in Bendorf, die die »Maschine« für viele meiner Arbeiten ist, hat direkt oder indirekt viel von dem Material geliefert, das in diesem Buch vorgestellt wird. Dieses einzigartige Programm, das seit fast dreißig Jahren gemeinsam vom Leo Baeck College und dem Hedwig-Dransfeld-Haus organisiert wird, ist ein einzigartiges Experiment in der interreligiösen Begegnung. Alle meine Rabbiner-Studenten am College haben als Teil ihrer Ausbildung an dieser Veranstaltung teilgenommen, was zeigt, wie wir uns der Entwicklung eines neuen religiösen Ethos für Europa verpflichtet wissen. Die »Konferenz« hat mir auch dazu verholfen, einen Weg zu finden, wie man die drei Glaubensgemeinschaften gemeinsam ansprechen kann, und ich habe einige Beispiele dafür in dieses Buch aufgenommen, weil dies ein sehr seltener und sensibler Zusammenhang ist.

Die Vorbereitung dieses Buches vollzog sich auf zwei Ebenen. Zuerst hatte ich sicherzustellen, dass sich nicht zu viele Dinge wiederholen – etwas, was eigentlich unvermeidlich ist bei Artikeln, die im Laufe vieler Jahre entstanden sind und unterschiedlichen Zuhörerschaften vorgestellt wurden. Zweitens galt es der Vielfalt des Materials eine gewisse Kohärenz zu geben. Natürlich ist es eine alte rabbinische Gabe, einen gewissen Anschein von Beziehung zwischen unterschiedlichen Dingen herzustellen – wie anders kann man jede Woche über einen anderen biblischen Text sprechen und ihn auf die eine oder andere Weise mit aktuellen Ereignissen und Themen in Zusammenhang bringen? Dennoch höre ich, wenn ich die Artikel für dieses Buch wieder lese, in allen *eine* Stimme.

Das Buch gliedert sich in zwei Hauptteile. Der erste enthält Artikel über verschiedene Aspekte von Dialog, wobei ich versuche den spezifisch jüdischen Beitrag zur Theorie und Praxis des Dialogs zu erhellen.

Im zweiten Teil habe ich versucht – mit angemessener Vorsicht – mich in die Höhle des Löwen zu begeben, indem ich Christen etwas über Jesus und christliche Annäherungen an die Bibel erzähle, indem ich Muslimen den jüdischen Blick auf Mohammed zeige und schließlich Juden sage, wie ihre Verantwortung im interreligiösen Dialog aussieht.

Mein Kollege Rabbiner Lionel Blue, der ein echter Vordenker und Pionier auf diesem Gebiet ist und von Zeit zu Zeit auf den folgenden Seiten auftaucht, findet meine Prosa zu vorsichtig. Vielleicht hat er Recht! Aber die Welt der interreligiösen Beziehungen ist sehr delikat – mit vielen Fallen für den Arglosen und unzähligen Möglichkeiten für Missverständnisse. So ist denn eine gewisse Vorsicht in der Art und Weise, wie man die Dinge ausspricht, vonnöten.

Einer der weisen Sätze meines Vaters lautete: »Du kannst eine Sache ablehnen, ohne selbst unleidlich zu sein!« Das mag wohl einer meiner Leitsätze gewesen sein. Vom Dialog sagt man, dass die Leute, die sich dafür engagieren, der Außenwelt jene Plätze zeigen sollten, wo es Übereinstimmung gibt, während man sich im internen Prozess auf das konzentrieren kann, wo man nicht übereinstimmt. Natürlich gibt es kurzfristige Ziele in einem solchen Prozess der Annäherung. Aber was die langfristigen Ziele betrifft – das habe ich im Buch immer wieder gezeigt –, gibt es keinerlei Geheimnisse mehr und die Schwierigkeiten und Trennungen treten für alle offen zu Tage. Da der Dialog sich von einer marginalen Übung für wenige zu einer Veranstaltung entwickelt, auf die zunehmend Schlaglichter fallen und auf der mehr und mehr Hoffnungen ruhen, müssen die Themen, Probleme und Gelegenheiten stärker transparent werden.

Es gibt eine große Anzahl von Leuten, denen ich für das danken möchte, was sie mir auf meinem Entwicklungsweg durch die Welt des interreligiösen Dialogs gegeben haben. An erster Stelle Lionel Blue und Leslie Shepard, die in einer wichtigen Station meines Lebens außerordentlich prägend für mich waren. Viele andere waren mir an den unterschiedlichsten Stationen meiner Lebensreise »religiöse Lehrer« im weitesten Sinne. Wenn ich an dieser Stelle nur einige wenige nenne, tue ich dies, weil sie mich begleitet haben und es immer noch tun, obwohl sie nicht länger unter uns sind. Unter den Christen die kürzlich verstorbene Anneliese Debray, Direktorin des Hedwig-Dransfeld-Hauses, eine echte Pionierin, die den unterschiedlichsten Dialogen ein Heim schaffte; Pastor Rudolf Stamm, Pastor Winfried Maechler, Pastor Hermann Denkers, Dr. Charlotte Klein, Rektor Heinrich Spaemann, Gisela Hommel, Edith Möser, Ute Stamm, Dr. Dorothee von Tippelskirch, Dr. Sung He Lee-Linke und Professor Hans Küng; unter den Muslinen den kürzlich verstorbenenen Professor Umar von Ehrenfels und den Sufi-Mystiker Salah Eid; Dr. Smail Balic, Dr. Khalid Duran, Professor Khurshid Ahmad, Dr. Zaki Badawi, Dr. Farid Esak, Sheikh Bashir Dultz, Chadigah Kissel, Amira Abdin, Halima Krausen und Prinz Hassan von Jordanien.

Über die Jahre hinweg haben eine Reihe von Leuten die »unsichtbare« Aufgabe übernommen, meine Artikel ins Deutsche zu übersetzen. In zwei Sprachen zu leben ist in sich selbst ein Akt des Dialogs; für andere so zu übersetzen, dass der Geist des Originals eingefangen wird, ist ein nicht zu unterschätzender Beitrag.

Ich habe dieses Buch während eines kurzen Sabbaticals an der Carl-von-Ossietzky-Universität in Oldenburg konzipiert. Ich möchte besonders Professor Friedemann Golka danken, der mich dorthin einlud, den notwendigen bürokratischen roten Teppich für mich ausrollte und sich während meines Aufenthaltes um mich kümmerte. Ich möchte auch dem Leo Baeck College dafür danken, das mir diese Auszeit ermöglichte und die Störungen und laufenden Geschäfte auf ein Minimum reduzierte. Mein spezieller Dank gilt Joanna Weinberg, die die »Festung« in meiner Abwesenheit »hielt«.

Großer Dank gilt auch Ulrike von Essen, mit der ich bei früheren Büchern als Lektorin zusammengearbeitet habe. Ihr verdanke ich den Titel des Buches, obwohl ich etwas anderes im Sinn hatte. In jüdischen Kreisen sind wir an ein »Triumvirat« der Patriarchen gewöhnt: Abraham, Isaak und Jakob. Aber es existiert ein weiteres »Trio«, das eine andere Richtung für das Judentum widerspiegelt, denn beide, Isaak und Jakob, hatten Brüder. Der jüdischen Geschichte zufolge kam Isaaks Bruder Ismael in der muslimischen Welt zu Ansehen und Bedeutung und Jakobs Bruder Esau in der christlichen – wenn auch nicht immer mit einem positiven Bild dieser Charaktere. Ich wollte das Buch *Abraham, Esau und Ismael* nennen, aber wir kamen zu der Ansicht, dass niemand den Bezug verstehen würde. Vielleicht ist in der Zukunft, wenn der Dialog noch erfolgreicher wird, solch ein Wissen weiter verbreitet. Ich danke all jenen, die mir die Erlaubnis erteilt haben, die unterschiedlichen Artikel zu veröffentlichen und danke vor allem jenen, die mich einluden, sie zu schreiben. Insbesondere Gunther Bernd Ginzel, obwohl die jährliche »Trialog«-Konferenz in Köln mich dazu herausforderte, mich einer härteren Umgebung des Dialogs zu stellen. Ein letzter Dank gilt meiner Frau Dorothea, die die bedeutenden Stationen dieser Reise mit mir geteilt hat, besonders die frühen Jahre. Aber sie hat ihre eigene Weisheit in diesen Prozess mit eingebracht – durch die Alexander-Technik, die sie lehrt und für die sie steht. Es ist dies eine körperliche Realität, die nur in der Praxis erfahren werden kann; sie beruht jedoch auf einer teilweise artikulierten Philosophie des Wartens und Pausierens, bevor man handelt. Dies passt hervorragend zusammen mit dem außergewöhnlichen Prozess, wie aus der Rauheit und Wirrnis der Treffen und Begegnungen so etwas wie »Dialog« wird.

London, im Dezember 1999 *Jonathan Magonet*

Interreligiöser Dialog – einige persönliche Reflexionen

Ich möchte über meine Erfahrungen im interreligiösen Dialog in sehr persönlicher Weise sprechen. Ich weiß gar nicht, ob ich über dieses Thema in irgendeiner anderen Form reden kann. Dialog ist etwas, was ich tue – und während meiner gesamten Karriere als Rabbiner getan habe.

Eine Eigenart jüdischer Erfahrung in diesem Jahrhundert ist, dass sie mitten ins Herz von Angelegenheiten trifft, die die gesamte Gesellschaft angehen, und wir müssen darauf antworten, so gut wir können. Vor allem Anhänger des Reform- oder liberalen Spektrums des Judentums stehen in der Verantwortung, in vorderster Linie den Dialog mit der Moderne in all ihren verschiedenen Erscheinungen zu betreiben – und natürlich auch an den Berührungspunkten mit der Außenwelt und auch Glaubenstraditionen. Die Zeiten bestimmen, was wesentlich ist, und die Situation von Juden in einer offenen Gesellschaft wird nicht bloß von außen beeinflusst, sondern in großem Maße auch von ihnen selbst. Deshalb sind Bereiche wie der interreligiöse Dialog, der zu verschiedenen Zeiten in der Vergangenheit eine Randerscheinung gewesen sein mag, heute wesentlich zentraler.

Meine bewusste Erfahrung mit interreligiöser Arbeit begann, noch bevor ich Rabbiner war. Natürlich erlebt jeder Jude, der in England aufwächst, der zur Schule und zur Universität geht, täglich eine offenkundig christliche Umwelt. Unbewusste Kräfte greifen ständig auf die eigene jüdische Identität über: Entscheidungen, ob man am christlichen Schulgottesdienst teilnehmen soll, wie man mit Weihnachten umgeht oder auch der gelegentliche Ausdruck von Antisemitismus.

Doch meine erste bewusste Annäherung an den jüdisch-christlichen Dialog verdanke ich Rabbiner Lionel Blue. Als einer der ersten Graduierten des Leo Baeck College hat Lionel sich während seiner Studienzeit in Oxford mit dem Gedanken des Übertritts zum Christentum getragen.[1] Als er sein Rabbinat antrat, tat er dies mit großem Bewusstsein für Werte – besonders im Bereich persönlicher Spiritualität, die er während seiner Erforschung des Christentums entwickelt hatte. Als wir in den frühen Sechzigern die Jugendabteilung der »Weltunion für progressives Judentum« organisierten, lernte ich von ihm, religiöse Lehrer und Lehren zu respektieren, ganz gleich, aus welcher Quelle sie kamen. Wir waren uns damals sehr bewusst, dass unserer eigenen jüdischen Welt als direkte Kriegsfolge spirituelle Führer fehlten. Es fehlte eine gesamte Generation von Rabbinern und Lehrern, und während unserer rabbinischen Ausbildung fehlten uns Vorbilder und in der Tat »Vaterfiguren«, an denen wir unser eigenes spirituelles Wachstum messen konnten.

Das Judentum, das ich in meiner Kindheit in einer orthodoxen Synagoge erfahren hatte, war wenig inspirierend. Es war auf eine Reihe von praktischen »*Du darfst*« und »*Du darfst nicht*« ausgerichtet, allerdings ohne großen intellektuellen oder spirituellen Unterbau. Die Reformwelt, in die ich durch die Jugendbewegung eintrat, war ihrerseits nicht viel mehr als ein sozialer Verein mit guten ethischen Absichten, aber begrenztem jüdischen Inhalt. Die wenigen Rabbiner, die es gab, waren gute Gemeindearbeiter, aber es fehlte ihnen an Charisma und offenkundiger spiritueller Größe – wonach zumindest ich in meiner etwas romantischen Art suchte.

Lionel gelang es unter seinen Bekannten Leute zu finden, die einen weit klareren Begriff ihrer eigenen spirituellen Mitte hatte. Zu ihnen gehörte Leslie Shepard, ein englischer Folklorist, reichianer Analytiker und Vedantist, von dem ich meine ersten Gitarrenakkorde lernte, aber der – wie wir uns halb im Scherz sagten – uns half, unsere Metaphysik gerade zu rücken. Es geschah mit Sicherheit im Dialog mit solchen Leuten, dass wir abklären konnten, was einzigartig jüdisch war und was dem Judentum um uns herum fehlte.

1. Lionel Blue, My Affair with Christianity. Hodder and Stoughton, London 1998.

In unserer eigenen kleinen Welt erfuhren wir vermutlich auch etwas vom Geist der Sechziger. Jenes Jahrzehnt war für mich persönlich eine starke Zeit, gesteigert noch durch meinen Aufenthalt in Jerusalem während des Sechs-Tage-Krieges, als ich einen Kreis jüdischer Schriftsteller, Künstler und Lehrer fand, die mir ein wenig Vertrauen in jüdische Spiritualität zurückgaben.

Wenn ich zurückschaue, besonders auch aus meiner Position als Leiter des Leo Baeck College, erkenne ich, dass wir damit begannen eine Art Judentum und spirituelle Suche zu definieren, die einer aufkommenden pluralistischen Nachkriegsgesellschaft in Großbritannien und anderswo angemessen war. Alte Barrieren zwischen religiösen Gemeinschaften brachen zusammen und es kam so weit, dass diejenigen, die einer Religion verbunden waren, sich in einer zunehmend säkularen Umwelt als Minderheit fühlten. Die Notwendigkeit, in solch einer Situation Verbindungen zu schaffen, führte zu einer Initiative von Lionel Blue, die ich mitentwickelte. Ausgelöst wurde unsere Arbeit vom Wahlerfolg der Neo-Nazis in Deutschland und dem Wiedererwachen des Faschismus.

Lionel hatte folgende Frage aufgeworfen: In Deutschland war seit Kriegsende nur eine Ideologie angeboten worden – die des Wirtschaftswunders, des immer weiter wachsenden materiellen Erfolges. Um es grob auszudrücken: Die Antwort auf jedes spirituelle Problem bestand darin, einen Kühlschrank zu kaufen! Die einzigen Gruppen, die irgendeine ideologische Eingabe in dieses Vakuum machten, waren die rechtsgerichteten Bewegungen – dies datiert sich noch vor das Aufkommen der Neuen Linken zurück.

Die Frage also lautete: Wer bot eine universalere, internationalere, spirituelle Ideologie, um dem zu begegnen? Lionel Blue dachte daran, so etwas wie eine Allianz der »guten Leute« zu schaffen: religiöse Jugendbewegungen, Organisationen, die Hilfe in unterprivilegierten Gebieten und Versöhnungsarbeit leisteten. Daraus entstand eine Organisation mit dem eher Furcht erregenden Titel »Europäische Aktion«. Ihre Karriere war kurz und bestand aus ein paar Konferenzen und Arbeits-

Zeltlagern. Eines dieser Programme planten wir für Wolfsburg, der Heimat von VW, wo es große Unterstützung für die Neo-Nazis gab. Wahlen standen vor der Tür. Mit Hilfe eines örtlichen Pastors bereiteten wir eine Konferenz, einige öffentliche Vorlesungen und andere Aktivitäten in der Gegend vor.

(Freiwillige Arbeits-Zeltlager verschwanden damals, z.T. weil es schwierig war angemessene Aufgaben zu finden. Wir konnten am Ende eine Lokomotive auf einem Spielplatz anstreichen – unser Beitrag für den Weltfrieden!)

Die Organisation lebte nicht lange. Einer der Hauptgründe dafür wurde uns zur Schlüssellektion. Es war eine Sache, Organisationen einzuladen, die von sich überzeugt waren, für dieselben religiösen Ziele zu arbeiten, aber es war etwas ganz anderes, mit politischen Manövern und Fragen offizieller Repräsentation und Wahlrechten fertig zu werden, die von Anfang an eine Rolle spielten. Ich vermute, dass wir in dem ganzen Geschäft einfach naiv waren, mit mehr Erfahrung hätten wir es schaffen können – aber eines haben wir gelernt: Mit Einzelpersonen, die wir allmählich kennenlernten und denen wir vertrauten, konnten wir arbeiten, während dies mit bestehenden Organisationen extrem schwierig, zeitraubend und desillusionierend war.

Dann kristallisierte sich etwas anderes heraus. In der Zeit, die zum Sechs-Tage-Krieg führte, wies Lionel darauf hin, dass es jenseits der begrenzten politischen Größen Israel und die Arabischen Staaten noch die drei monotheistischen Religionen gebe, mit vielen gemeinsamen Überzeugungen. Konnten sie nicht Wege gegenseitigen Verstehens schaffen, die beim Lösen der politischen Konflikte mithelfen würden? Gemeinsam mit Pastor Winfried Maechler von der Evangelischen Akademie in Berlin und anderen christlichen und muslimischen Kollegen wurde das erste Treffen in Berlin arrangiert, das helfen sollte, diese neuen Beziehungen aufzubauen. Diesmal nannten wir unsere Organisation die »Stehende Konferenz von Juden, Christen und Muslimen in Europa«, was bedeutete, dass diese Konferenz nur dann bestand, wenn sie stattfand. Obwohl die Berliner Akademie, das Leo Baeck College, London, die Deutsche Muslime Liga in Bonn und das Hedwig-Dransfeld-Haus in Bendorf Partner bei der Vorbereitung und Durchführung dieser Konferenzen sind, blieb sie ohne Dachorganisation sowie Beamte und Angestellte und war trotzdem über 25 Jahre erfolgreich.

Ich bin meiner eigenen Geschichte ein bisschen vorausgeeilt und möchte für einen Moment dorthin zurückkehren. Konferenzen, die Lionel und ich für junge jüdische Leute in Holland Anfang der Sechziger organisierten, brachten uns in Kontakt mit jungen Juden aus Deutschland. Sie forderten uns mit dem Hinweis heraus, dass viele jüdische Organisationen sie zu ihren Konferenzen ins Ausland einluden, aber niemand nach Deutschland käme. Wir nahmen die Herausforderung an, zudem wir die wahrscheinlich erste jüdische Jugendkonferenz seit Kriegsende in Berlin vorbereiteten. Ich selbst fuhr per Anhalter mit diesen jungen Leuten nach Berlin, da ich anderen nicht aufbürden wollte, was ich selbst zu erfahren nicht bereit war. Auf dem Rückweg von dort wusste ich, dass ich mich entschieden hatte Rabbiner zu werden. Die Begegnung mit Deutschland hatte also eine tiefe Wirkung auf meinen nachfolgenden religiösen Lebensweg.

Ich muss gestehen, dass ich Deutschland aus mehreren Gründen attraktiv fand – nicht immer besonders religiös. In der Schule hatte ich ein Jahr Deutsch gelernt und mein Lehrer hatte mich in die Brecht'schen Schauspiele eingeführt. Lionel stellte mir Lotte Lenya mit ihren herrlichen Melodien von Kurt Weill vor. Es war vor allem die deutsche Vorkriegskultur mit ihrer starken jüdischen Komponente, die mich anzog. Überdies begegneten mir auf meinen Reise eine ganze Anzahl junger, linksgerichteter Pastoren, die Freunde wurden und mir ein Deutschland eröffneten, das sich sehr von der jüdischen Furcht und Fantasie unterschied. Mehr noch: In ihrem Nachkriegsgenerationenkampf, ein neues Deutschland zu gestalten, fand ich einen bewegenden Kontrapunkt zu unseren eigenen Versuchen, jüdisches Leben in Europa nach der Katastrophe der Shoah wieder aufzubauen. Was mir tragisch klar wurde, war, dass es in Deutschland junge Leute gab, jüdisch und nicht-jüdisch, die unfähig waren ihre Vergangenheit zu verstehen oder mit ihr zurechtzukommen. Mit ihren Eltern konnten sie nicht sprechen – mit den Deutschen nicht wegen der Ungewissheit, was deren Eltern im Krieg getan haben mochten, und mit den Juden nicht, weil deren Eltern ihren Verbleib oder ihre Niederlassung in Deutschland nicht rechtfertigen konnten. Und doch: Diese jungen Leute, die irgendwie – so schien mir – den Schlüssel zum Problem des jeweils anderen in der Hand hielten, trafen sich nie. Vielleicht wurde aus dem Frustrationsgefühl über diesen Mangel an Kommunikation mein Interesse am Dialog unbewusst geboren.

Der entscheidende Faktor, der meinen Zugang zu der ganzen Sache änderte, war die Begegnung mit Anneliese Debray, der Direktorin des damals vor allem katholischen Konferenzzentrums Hedwig-Dransfeld-Haus in Bendorf. Anneliese Debray war eine bemerkenswerte Frau, die nach dem Krieg damit begonnen hatte, das Haus in ein Zentrum für Wiederversöhnung umzugestalten. Sie gründete Deutsch-Polnische und Deutsch-Französische Konferenzen, verwandelte das Haus in ein ökumenisches Zentrum, dann lud sie Juden/Jüdinnen zum Dialog ein und verwandelte das Haus schließlich in ein interreligiöses Zentrum, indem sie auch Muslime/Musliminnen in den Dialog einlud. Ich besuchte das Haus gemeinsam mit einigen Rabbinats-Mitstudenten zum ersten Mal an einem Pfingstfest. Unsere Anwesenheit hatte eine so enorme Wirkung, dass wir zur Bibel-Studienwoche im Sommer desselben Jahres eingeladen wurden. Ergebnis davon war, dass die Studienwoche in eine jährliche jüdisch-christliche Bibelwoche umgestaltet wurde, die vor kurzem ihr 30-jähriges Jubiläum feierte.

Was war in diesen frühen Begegnungen für mich wichtig? Zunächst die Ernsthaftigkeit, mit der die deutschen Teilnehmer/-innen sich Religion näherten, dann ihr Hunger, über das Judentum zu lernen. Ich bin und war mir damals der vielen Dimensionen dieser Neugier bewusst, einschließlich einer Art neurotischen Philosemitismus. Und dennoch: Jenseits davon gab es aufgrund der jüngsten Vergangenheit und der Neugierde an den Wurzeln des Christentums und am jüdischen Hintergrund Jesu ein echtes Interesse. Mein fehlerhaftes Deutsch erlaubte es mir nicht, alles, was in diesen ersten Jahren geschah, zu verstehen, doch lernte ich viele der Teilnehmer/-innen und die Ernsthaftigkeit ihrer Suche zu schätzen. In der Tat gingen die Fragen, die sie mir über Juden und das Judentum stellten, weit tiefer als irgendetwas, was ich in meiner eigenen Gemeinschaft erfahren hatte. In jenen deutschen Kreisen war Religion ein Lebensthema und die Fragen, die gestellt, und die Antworten, die gegeben wurden, hatten Konsequenzen für das Leben jener, die die Fragen stellten.

Ich habe keinen Zweifel, dass es auf meiner Seite Faktoren gibt, die alles andere als heilig sind. Es war enorm schmeichelhaft, plötzlich so wichtig im Leben dieser Leute zu sein. Trotz meiner relativ geringen Kenntnis des Judentums musste ich sehr tiefsinnige Fragen beantworten, was mich zu meinen Büchern zurückeilen ließ, aber auch von mir verlangte, in meiner eigenen spirituellen Intuition zu graben.

Außerdem war das ganze nicht einfach eine Einbahnstraße. Leute wie Anneliese Debray, Pastor Rudolf Stamm, Hermann Denkers, Rektor Spaemann und später Muslime wie der inzwischen verstorbene Sufi Mystiker Salah Eid, Scheich Bashir Dultz und Chadigah Kissel – sie alle wurden Teil eines Kreises spiritueller Lehrer, alle sehr unterschiedlich, aber ein jeder/eine jede Teil einer nährenden Gemeinschaft. In gewisser Hinsicht bleiben die beiden jährlich stattfindenden Bendorfer Konferenzen, die jüdisch-christlich-muslimische Studentenkonferenz im Frühjahr und die jüdisch-christliche Bibelwoche im Sommer, für mich Prüfsteine meines religiösen Weges, und sie haben enorme spirituelle Gaben für andere hervorgebracht. Mehr noch: Sie haben Modellcharakter für das, was möglich ist, besonders in dem komplexen Dialog zwischen Juden und Muslimen, der weit über seinen unmittelbaren Einfluss hinaus wichtig ist.

Diese Art religiöser Begegnung, die das Etikett »Dialog« trägt, handelt von dem Zusammentreffen von Meinungen und Stimmungen in dem Versuch, einen gemeinsamen Beitrag für das spirituelle Leben dieser Gesellschaft zu entwickeln. In den meisten Fällen kommt die persönliche Beziehung zuerst, der Zufall eines besonderen religiösen Hintergrundes ist zweitrangig oder ist vielmehr bloß die Ausrede, die Menschen überhaupt erst zusammenbringt.

Ich muss dies betonen, denn ich glaube, dass es das gegenseitige Vertrauen und die Liebe sind, die diese Art von Treffen hervorbringen, die uns erlauben, in unseren Heimatgemeinden und im institutionellen Rahmen des interreligiösen Dialoges, den wir unterstützen, effektiv und konstruktiv zu wirken. Menschen, deren Leben dem Dienst am anderen gewidmet ist, sei es im Gemeindedienst oder in anderen sozialen Berufen, brauchen solche Gelegenheiten, um ihre spirituellen Batterien wieder aufzufüllen und zu erfahren, dass ihre Situation, in der sie sich oft isoliert fühlen, nicht einmalig ist und dass andere ihre Hingabe teilen. Diese Konferenzen sind eine Art gesicherter Raum, in dem viel geschehen mag, wenn die Leute bereit sind, es geschehen zu lassen. Der Dialog mit dem/der anderen ist ebenso gut ein Dialog mit dem eigenen Selbst.

Unglücklicherweise wird Dialog oft als eine Art Luxus für Leute betrachtet, die am Rande ihrer religiösen Gemeinschaften leben. Ein nettes Hobby, aber ohne Bedeutung für die wirklichen Dinge, die wir in unserem eigenen religiösen Heim tun sollten.

Nichtsdestotrotz scheint es manchmal geradezu das Periphere zu sein, das sich für unsere inneren Anliegen als wertvoll erweist. Darüber hinaus gibt es dringende Angelegenheiten innerhalb unserer Gesamtgesellschaft, die unsere Selbstvertiefung überschatten mögen und unsere Beziehungen mit anderen besonders wichtig werden lassen.

Wenn wir in einer multikulturellen pluralistischen Gesellschaft leben oder doch zumindest auf dem Weg dahin sind, welche Themen müssen dann angesprochen werden?

Als Analogie möchte ich den Prozess wählen, der geschieht, wenn eine Ehe scheitert. Plötzlich brechen eine ganze Reihe von Dingen zwischen den Partnern auf, die so lange taktisch übersehen wurden, wie die Beziehung gesund war. Dass er schnarchte oder sie ihre Lockenwickler nachts im Haar ließ, sind Sachen, die jahrelang toleriert worden sein müssen. Genau diese Bereitschaft, solche Irritationen zu akzeptieren, war Teil des Zementes der Beziehung. Aber wenn sich die Ehe entknotet, werden diese und andere geringfügigen Irritationen größere Faktoren, die den aufsteigenden Zorn und die Bitterkeit potenzieren. Müssen sie aber unbedingt Anlass zu Streit geben? In solchen Situationen ist es Teil der Eheberatung, das Paar zu befähigen über solche Quellen des Unglücklichseins zu sprechen, sie wo möglich auszugleichen, Kompromisse zu schließen, wo Wahl möglich ist, und Dinge zu tolerieren, die nicht geändert werden können. Im Licht einer »tieferen Wachheit« für den anderen, die aus dem Beratungsprozess hervorgeht – vorausgesetzt, die Beziehung ist nicht unwiderruflich auseinander gebrochen – kann in einer neuen Ehe gegenseitiges Verstehen und gegenseitige Hingabe möglich werden. Das ist zumindest die Theorie.

Auf der Basis, dass Vorsorge besser ist als Heilung, ist es tragisch, dass die Probleme, die in einer multikulturellen Gesellschaft auftreten, meistens erst in Krisenzeiten angesprochen werden oder wenn die Situation bereits zusammengebrochen ist. Der gleichwertige Prozess der Vermittlung, Klärung und gegenseitigen Anerkennung ist genau das, was im Bereich des interreligiösen »Dialogs« ständig stattfindet. Unglücklicherweise wird Dialog selten als Vorsorgemaßnahme gefördert, geschweige denn als konstruktive Politik.

Solche Aktivitäten müssten sich auch um Fragen unterschiedlicher Wahrnehmung des anderen kümmern, die davon abhängen, ob die Partner einen Minderheiten- oder Mehrheitenstatus innerhalb ihrer jeweiligen Gesellschaft haben. Solche und andere sozioökonomischen Faktoren verzerren das Machtgleichgewicht zwischen den »Partnern« und müssen ebenso in einem neu zu beginnenden Dialog berücksichtigt werden. Weiterhin müssen offenkundige Quellen der Ungerechtigkeit angesprochen werden, wenn es irgendeine Form eines aufrichtigen Treffens geben soll. Doch solange wir in dieser Hinsicht keine Vorsorge üben, sind wir dazu verdammt, immer wieder durch plötzlich uns überwältigende Situationen rassistischer, kultureller, ethischer oder religiöser Gewalt schockiert zu werden. Tragischerweise sind dies Konflikte, die hätten vermieden werden können, wenn eine echte Kommunikation vorhanden gewesen wäre. Wir wissen genug über die Mechanismen von Konflikten. Wir müssen mehr tun, um laufende Programme zu entwickeln und zu gestalten, die helfen, diese Konflikte zu verhindern. Zur gleichen Zeit müssen wir den Reichtum persönlichen Reifens und persönlicher Befähigung fördern, wie sie dem Dialog in seiner besten Form entspringen.

Ich bin nicht naiv, was die Schwierigkeiten einer multikulturellen Gesellschaft betrifft. Vernunft und gesunder Menschenverstand allein kommen nicht an die emotionalen Themen heran, denen binnen- und zwischengesellschaftliche Vorurteile und Ängste zugrunde liegen. Es muss schon etwas mehr geschehen, um sich mit den zugrunde liegenden Problemen und Emotionen auseinanderzusetzen und jenen Menschen zu widerstehen, die die Differenzen für ihre eigenen Interessen ausbeuten. Dialog ist der einzige Zugang, den ich kenne, der Vertrauen, gegenseitigen Respekt, Freundschaft und Liebe aufbaut. Der erste Schritt ist der gleiche wie in jeder anderen Form von Beziehung. Wir müssen lernen, wie wir einander – und denen, die »anders« sind – zuzuhören haben. Wir müssen riskieren einander zu begegnen und den Rahmen zu schaffen, um diese Kontakte zu erhalten und zu vertiefen.
Es gibt einen Psalm-Vers, der sagt:

bikkesh shalom v'rod'fehu
»Suche den Frieden und jage ihm nach« (Psalm 34,15).

Die Rabbiner haben darauf hingewiesen, dass wir die meisten anderen Gebote nur dann tun müssen, wenn sie unseres Weges kommen. Aber wenn es um Frieden geht, dann haben wir uns aktiv zu engagieren, ihn zu suchen, für ihn zu arbeiten und ihn zu erhalten. Interreligiöser Dialog ist eines der uns zur Verfügung stehenden Werkzeuge, um Frieden zu suchen und ihm nachzufolgen. Er ist keine Randerscheinung unserer heutigen religiösen Aufgabe, sondern steht im Zentrum unseres Auftrags.

Jüdische Beiträge zum Dialog

Über das Risiko im religiösen Dialog

Beim Thema »Risiko im religiösen Dialog« denke ich an zwei Arten von Risiko: zum einen das Risiko, mit »dem anderen« in den Dialog einzutreten, zusammen mit den Problemen, die dabei angesprochen werden müssen; zum anderen das Risiko, dass man irgendwie – als Folge des Dialogs – den Kontakt mit der eigenen Gemeinschaft verliert. Beide Aspekte bereiten denjenigen Sorge, die den Dialog versucht haben, und sie bedürfen einer ernsthaften Betrachtung.

Die Risiken, in einen Dialog einzutreten

Ist Bereitschaft zum Dialog gegeben und ein geeigneter Partner gefunden, beginnen wir die erste Phase einer Vorstellung und zu einem gewissen Grad Selbst-Rechtfertigung.

Hier hängt vieles davon ab, ob der Dialog zwischen Gleichen stattfindet oder, wie es so häufig der Fall ist, in einer unausgeglichenen Situation, in der der eine Teilnehmer eine gewisse Macht vorweisen kann, während der andere sich in einer eher abhängigen Position befindet. Deshalb braucht noch keine echte Gewalt im Spiel zu sein – solche Situationen machen einen Dialog sowieso eher unmöglich.

Ich möchte vielmehr auf solche Umstände hinweisen, in denen es eine Gastgebergesellschaft mit kultureller, religiöser oder ethnischer Mehrheit gibt und eine Minderheit oder auch Minderheiten, die mitten darin leben.

Unter solchen Gegebenheiten gibt es eine ganze Anzahl beinah versteckter Punkte, die eine größere Rolle im Verhalten der Teilnehmer spielen. Der Teilnehmer der Minderheiten nimmt häufig eine gewisse Bedrohung seines oder ihres Status wahr – sogar noch bevor der Dialog beginnt. Das mag damit zu tun haben, dass man ein relativer Neuankömmling in der Gastgesellschaft ist – wobei sich dieses »Neusein« oft über eine ganze Reihe von Generationen erstreckt; oder es liegt an der Furcht vor dem Verlust der eigenen Identität durch Assimilation oder Akkulturation an die Mehrheitengesellschaft, eine auch ohne offenkundige Bedrohung zutiefst beunruhigende Erfahrung. Der Dialogpartner der Minderheit beginnt nicht auf der gleichen Grundlage und fühlt oft brennend die Zerbrechlichkeit seiner oder ihrer Position im Vis à vis des anderen. Vermehrt wird dieses Gefühl noch aufgrund der Verantwortung, die sie oder er als RepräsentantIn der Menschen daheim trägt.

Im Gegensatz dazu kann es sein, dass die Repräsentanten der Gastgeberkultur überhaupt nichts von einer Unsicherheit auf Seiten des Minderheitenpartners bemerken, einfach weil es dem Gastgeber überhaupt nicht in den Sinn kommt, dass solch eine Unsicherheit überhaupt existieren könnte.

Per Definition ist der Gastgeber ja derjenige, der sich in einer bestimmten Umgebung zu Hause fühlt. Er oder sie werden davon ausgehen, dass beide Seiten sich als Gleiche treffen, dass beide eine uralte Tradition repräsentieren. So habe ich zum Beispiel häufig bemerkt, dass Christen, die innerhalb Europas in den Dialog mit Juden oder Muslimen eintreten, dem Machtproblem so lange ziemlich unsensibel gegenüberstehen, bis sie darauf hingewiesen werden, während ihre jüdischen oder muslimischen Gegenüber sich dessen deutlich bewusst sind. Dies kann sich in ganz einfacher Weise zeigen.

Nehmen Sie zum Beispiel einmal das Verhalten des Gastgebers gegenüber den »etablierten Autoritäten«, sei es Polizei, Verwaltung oder jeder andere Bereich des Staates. Der christliche Kleriker oder Theologe oder aktive Laie Europas mag sein/ihr Scharmützel mit solchen Einrichtungen haben. Solche Begegnungen können Konfrontation bedeuten oder bloß irritieren und Unannehmlichkeiten hervorrufen, in jedem Falle aber werden sie als Begegnungen mit Vertretern *unserer* Gesellschaft erfahren, mit unseren Dienern sozusagen, die mit einem gewissen Gleichmut betrachtet werden können.

Im scharfen Gegensatz dazu mag ein Mitglied der Immigrantengemeinschaft – auch noch in der zweiten Generation – jene staatlichen Einrichtungen ganz anders empfinden: abhängig von früheren Erfahrungen an anderer Stelle und abhängig davon, wie es sich in der neuen Kultur beheimatet fühlt. Polizei und Staatsdienst werden weniger als »unser«, mehr als »ihr« erfahren, als »ihre« Einrichtungen, die mit einer gewissen Vorsicht betrachtet werden müssen.

Themen, wie der Umfang, in dem Minderheiten ein eigenes Schulwesen unterhalten dürfen oder inwieweit sie Zugang zu öffentlichen Gebäuden für ihre religiösen Bedürfnisse erhalten, werden als Maß der Anerkennung, der Verantwortung und der Vollmacht gesehen, die der Minderheit durch die gastgebende Gesellschaft gegeben werden. Wichtig auch: Werden solche Rechte oder Gelegenheiten ohne Fragen gegeben oder ungern und nur nach einem langen Kampf oder werden sie vollständig verneint? Sind sie lediglich zugestanden oder sind sie einfach zugänglich gemacht, und zwar rechtshalber?

Solche Punkte können bei der Minderheit die schlimmsten Befürchtungen nähren, solange nicht wahres Einfühlungsvermögen gezeigt wird.

Wenn Leute mit diesen unterschiedlichen Wahrnehmungsweisen im Dialog aufeinandertreffen, erfährt die Minderheit ihre neuen Partner aus der gastgebenden Kultur zuweilen als eigentümlich unsensibel den für sie wichtigen Dingen gegenüber. Diese mangelnde Sensibilität manifestiert sich an offensichtlich ganz einfachen Dingen: Inwieweit hat der Gastgeber Schritte unternommen, um sicherzustellen, dass Essen, Möglichkeiten zum Gebet oder andere Dinge, die der Minderheitengruppe wichtig sind, zur Verfügung gestellt werden – und nicht einfach nur dies, sondern auch ausdrücklich angeboten werden?

Unter Umständen hält es der Gastgeber womöglich für selbstverständlich, dass man nach einem Raum zum Gebet fragt, wenn man einen braucht; die Minderheitengruppe fühlt sich aber vielleicht zu unsicher, um eine solche Frage zu stellen, und ein unterdrückter Ärger schwelt unter der Oberfläche. Jene aus der Minderheitengruppe, die Erfahrungen im Dialog gewonnen haben, sind unter Umständen selbstbewusst genug, um entsprechende Fragen oder Vorschläge einzubringen, und die aus der Mehrheitenkultur lernen vielleicht gleichermaßen und rechtzeitig, nach dem, was gebraucht wird, zu fragen.

Wenn wir Gäste zum Abendessen haben, dann lernen wir auch besondere Essgewohnheiten vorzeitig herauszufinden, um keine Peinlichkeiten zu verursachen oder selbst während des Essens in Verlegenheit gebracht zu werden, weil irgendjemand ein bestimmtes Gericht nicht essen kann. Und doch überrascht es zu sehen, wie unsensibel manche Gruppen solchen offensichtlichen Dingen gegenüber sind, wenn sie die Welt des Dialogs zum ersten Mal betreten.

Mein Lieblingsbeispiel stammt von einem unserer ersten Jüdisch-Christlich-Muslimischen Treffen in Berlin Ende der sechziger Jahre. Der Senat hatte uns zu einem Empfang in die Stadthalle eingeladen, und der zuständige Küchenchef war vermutlich angewiesen Empfang Nr. 5 aufzutischen, Getränke und einen heißen Imbiss. Und so kamen wir zu einer kostbaren Vielfalt von Schweinewürstchen und Schinkenröllchen – Juden und Muslimen natürlich gleichermaßen verboten – und vorzüglichem deutschen Wein, den die Juden, da nicht orthodox, genossen, den die Muslime aber nicht anrühren konnten.

Ich habe in diesem Zusammenhang den Unterschied zwischen orthodoxen und anderen Juden erwähnt, da auch dies Probleme aufwirft. Nicht alle Juden sind orthodox, aber unter solchen Umständen sollte ein einfühlsamer Gastgeber annehmen, dass sie es sind, und entsprechend handeln. Auf der anderen Seite wird die Gastgruppe nach Mahlzeiten fragen, die so zubereitet sind, dass auch orthodoxe Vertreter sie einnehmen können. Sie selbst werden sich an die Regeln des koscheren Essens halten, auch dann, wenn sie diese im Privaten normalerweise nicht befolgen. Sie tun dies aus ihrem Gefühl der Solidarität mit anderen Juden und um ihre eigene, stellvertretende Stellung ernst zu nehmen.

Solche Gefühle mögen der Überzeugung entwachsen, es sei notwendig, eine geeinte jüdische Position zu zeigen, um nicht die tatsächlich existierenden inneren Trennungen bloßzustellen. Weil sie meint, sie müsste dies gegenüber ihren Gastgebern deutlich machen, besteht die Minderheitengruppe zuweilen auf Bedingungen, die sie privat niemals fordern würde. Es ist eine Art verkehrten Macht- und Kontrollausdrucks in einer Situation relativer Machtlosigkeit – sei es gegenwärtig oder in vergangenen Beziehungen zwischen den beiden Gruppen.

Das Endergebnis ist oft eine merkwürdige Situation, in der alle – mit den besten Absichten und dem besten Willen der Welt – eine künstliche Rolle aufführen. Es wird wohl eine ganze Weile dauern, bis genügend Vertrauen aufgebaut ist, um diese »versteckten Tagesordnungen« zuzugeben und zu überprüfen.

Diese Unterschiede in der Wahrnehmung zwischen Gastgeber und Minderheit sind sehr real und stehen in direktem Verhältnis zu dem Maß an Sicherheit, das jemand in einer gegebenen Gesellschaft empfindet. So haben die europäischen Christen vielleicht irgendeiner Organisation über ihre Erfahrungen zu berichten, werden ansonsten aber keine besondere Notwendigkeit fühlen, gegenüber irgendjemandem ihre Anwesenheit bei solchen Treffen zu rechtfertigen. Wenn überhaupt, wird die Tatsache, dass Christen an der Arbeit des Dialogs mitwirken, wohl eher als wertvoll, wenn nicht als »don-quijottisch« (ehrenvoll-vergeblich) angesehen.

Das Mitglied der Minderheitengruppe ist sich dagegen weit mehr bewusst, dass zu Hause eine Gemeinde, ja eine ganze Welt lebt, der er oder sie verantwortlich ist. Innerhalb der Minoritätengruppe kann es durchaus ernsthafte Furcht wegen eines möglichen Loyalitätsverrats ihrer Repräsentanten geben. Die Teilnehmer des Dialogs werden bei ihrer Rückkehr diese Bedenken ansprechen und angemessene Versicherungen anbieten. Auch wenn sie relativ unabhängig handeln, haben sie womöglich Werte und Befürchtungen der eigenen Gruppe so sehr verinnerlicht, dass sie sich im Dialog entsprechend verhalten.

Es gehört zum Wesen der Macht, dass man sie nicht bemerkt, wenn man sie hat, es sei denn, es wird konkret und man wird auf die Folgen aufmerksam gemacht. Hat man keine Macht, ist das eigene Tun vor allem auf Maßnehmen, Voraussicht oder sonstwie darauf ausgerichtet, sich an die anzupassen, die die Macht haben. Eine solche Unausgewogenheit kann von Beginn des Dialogs an die Wahrnehmung dessen, was im bevorstehenden Treffen möglich oder wünschenswert ist, auf beiden Seiten beeinflussen und sogar ernsthaft verzerren.

Wie ich betont habe, geschieht dies allzu oft auf Ebenen, die gar nicht offen ausgedrückt oder erkannt werden, woraus sich viel Missverstehen ergeben kann. Das Endergebnis ist dann womöglich die Verstärkung jener Vorurteile, die zu überwinden das Treffen bestimmt war.

Die genannten Ungleichheiten haben vor allem in der ersten Phase des Dialogs ihre Folgen – auch dann, wenn es nicht diesen offensichtlichen Machtunterschied gibt, sondern eine Konfliktgeschichte zwischen den beiden sich begegnenden Gruppen.

In den ersten Begegnungen spricht zumindest der eine der beiden Partner – vielleicht tun dies aber auch beide – nicht wirklich zu der Person, die da vor ihm steht, sondern zu seinen Leuten zu Hause. Wie auch immer die offene Botschaft für den Dialogpartner lautet, tatsächlich sagen sie zur unsichtbaren Zuhörerschaft hinter sich: »Ich habe unsere Seite nicht enttäuscht, ich habe nichts und niemanden verraten, nicht dadurch, dass ich hier bin, noch durch meine Bemerkungen. Vielmehr habe ich, statt eine mögliche Plattform zu verschwenden, die Gelegenheit genutzt, eine ganze Reihe unserer Beschwerden und Sorgen auszudrücken – und sie waren gezwungen zuzuhören.«

Gibt es einen echten Hintergrund an Konflikten, kann es wohl sein, dass eine Seite erst eine ganze Menge Ärger über vergangene Verletzungen loswerden muss. In gewisser Weise ist es sogar ein Beitrag zum Dialog, wenn jemand sich genügend sicher fühlt, um etwas auszusprechen, was für den neuen ›Partner‹ durchaus schmerzlich sein kann. Wird die hier zugrunde liegende Dynamik jedoch nicht erkannt, kann dies wiederum zu einer gleichermaßen zornigen, selbstrechtfertigenden Antwort führen mit dem Ergebnis, dass die Verständigung völlig zusammenbricht. Wird dieser Zorn jedoch angenommen und von dem einen oder anderen Partner oder einem akzeptierten Vermittler ausgehalten, dann kann er den Weg zu einer neuen Stufe der Begegnung öffnen – jetzt, da das Maß an Verletztsein ausgedrückt und das Maß an Sicherheit getestet wurde. Erweist sich dies wirklich als sicherer Raum, in dem ohne Furcht alles gesagt werden kann, dann gibt es eine echte Möglichkeit weiterzukommen.

Um zu dem früher genannten Punkt der Machtungleichheit zurückzukommen: Die Situation kann noch komplizierter werden, wenn die Minderheitengruppe woanders Macht besitzt oder wenn ihre Kultur eine bestimmte Tradition der Konfliktbewältigung hat, die vom Gegenüber nicht geteilt wird. Wenn sie in der Minderheitensituation entsprechend den üblichen Taktiken und Verhaltensweisen handelt, führt das natürlich auf Seiten des Gastgebers zu einem bestimmten Grad an Unverständnis oder sogar zu einem Gefühl von Bedrohung. Der Gastgeber – wenn er nicht erkennt, was hier vor sich geht – wird sich von dem Umstand ziemlich verletzt und beleidigt fühlen, dass diese undankbaren Leute so kämpferisch und einfordernd geworden sind. Er reagiert nun seinerseits defensiv: »Schließlich«, so sagt er sich, »haben wir diese Leute in unsere Häuser eingeladen und ihnen unsere Freundschaft angeboten – was erwarten sie eigentlich noch mehr? Sie müssen verstehen, dass sie, wenn sie hier leben, sich unseren Verhaltensnormen anpassen müssen.«

Auf diese Weise tritt die verborgene Machtungleichheit zwar offen zu Tage, aber wenn das nicht erkannt wird, dann geraten wir schon wieder in die Nähe eines möglichen Gesprächsabbruchs und sogar einer Bestätigung der schlimmsten Befürchtungen in Bezug auf den anderen bzw. das ganze Dialogunternehmen.

Ein weiterer Grund für Verwirrung ergibt sich, wenn die beiden Seiten völlig unterschiedliche Ziele verwirklicht sehen wollen. Eine Gruppe verfolgt unter Umständen ganz spezielle Absichten für ihren eigenen Status oder die Situation im Gegenüber des anderen. Sie will tatsächlich Verhandlungen, während ihr voraussichtlicher Partner aus eher allgemeinen religiösen oder humanitären Gründen handelt – weil er seinen Wahrnehmungshorizont erweitern oder nett sein will oder einfach, weil er eine Art Bündnis mit Gleichgesinnten herstellen möchte.

Es mag einige Zeit dauern, bis die unterschiedlichen Tagesordnungen deutlich werden, und bis dahin können starke Gefühle von Enttäuschung und Betrogensein auftreten.

Zur Veranschaulichung wenden wir uns einer der vielen Gesprächsgruppen zwischen israelischen Juden und Arabern und zwischen Israelis und Palästinensern zu, die seit einigen Jahrzehnten aktiv sind. Während der letzten Jahre der letzten israelischen Regierung begannen viele dieser Gruppen auseinanderzubrechen. So wie ich es von einigen Teilnehmern gehört habe, bestand das Problem darin, dass die israelischen Teilnehmer Freundschaft, Unterstützung oder Solidarität mit ihren palästinensischen Gesprächspartnern ausdrücken wollten, während die Palästinenser, durch den fehlenden Wandel ihrer Lebensumstände zunehmend frustriert, nach dem riefen, was sie als »Gerechtigkeit« für ihre Sache ansahen. Weil ihre Gesprächspartner das nicht liefern konnten, brach die Verständigung zwischen ihnen ab. Einige der Israelis wurden sogar zu Anti-Palästinensern, vielleicht weil sie das Gefühl hatten, dass ihr Einsatz nicht richtig erwidert worden war.

Im Wesentlichen hatten beide Seiten ihre Annahmen und Erwartungen, ohne das Machtverhältnis zu beachten – und beide Seiten haben sich, ihren eigenen Umständen entsprechend, völlig logisch verhalten. Wie dem auch sei, es ist nicht immer so einfach herauszufinden, wo in einer vorhandenen Situation die Macht wirklich liegt. Es ist immer nützlich, neben der direkten Machtfrage auch zu überlegen, inwieweit beiden Gruppen Handlungs- oder Meinungsfreiheit gegeben sind. Vielleicht ist es am besten, dies an einem konkreten Beispiel zu veranschaulichen.

Während der vergangenen Jahre habe ich bei der Organisation einer jüdisch-christlich-muslimischen Konferenz von Studenten in Bendorf mitgeholfen, und in jedem Jahr müssen wir die Frage mit den Mahlzeiten berücksichtigen, wozu ich eine kleine Erklärung zu geben pflege. Das Ganze geschieht mit etwas Humor, nicht zuletzt, um die Spannungen zu lockern, die am Eröffnungsabend unvermeidlich vorhanden sind. Denen, die um diese Dinge besorgt sind, gibt dies Sicherheit, dass ihre Bedürfnisse wahrgenommen und berücksichtigt werden.

Ich weise darauf hin, dass traditionelle Juden nur koscheres Fleisch essen dürfen, das in einer ganz bestimmten Weise geschlachtet und zubereitet wurde. Ganz ähnlich essen Muslime Halal-Fleisch, dürfen aber auch koscheres Fleisch essen, während traditionelle Juden kein Halal-Fleisch essen. Und Christen können beinahe alles essen!

Da von Anfang an die Mehrzahl der Konferenzteilnehmer Christen waren und jüdische und muslimische Teilnehmer im Laufe der Jahre nur allmählich zahlenmäßig zunahmen, deckten wir in den ersten Jahren einen besonderen Vegetariertisch für Juden und Muslime. Es sollte darauf hingewiesen werden, dass sich nicht alle jüdischen Teilnehmer Gedanken über die jüdischen Speisevorschriften machen, jedoch, wie ich bereits angedeutet habe, haben sie unter solchen Umständen oft das Bedürfnis, sich mit traditionellen jüdischen Praktiken solidarisch zu zeigen.

Dies ist ein gutes Beispiel dafür, wie die Loyalitätsfrage die wirklichen Überzeugungen und Handlungen der Minderheitengruppe verzerren kann. Wie dem auch sei, der Vegetariertisch warf andere Probleme auf.

Einige Leute meinten, dass es der Absicht des Dialogs widerspreche, wenn einige Teilnehmer getrennt von den anderen äßen, und so setzten sie sich aus Solidarität mit an den Vegetariertisch. Einige andere taten das Gleiche, weil sie zufällig vegetarische Küchen mochten und nun eine gute Gelegenheit sahen, diese Küche zu genießen. Bald war der Vegetariertisch so überfüllt, dass für Juden und Muslime kein

Platz mehr war. Worauf dann einige der Juden, die sich den jüdischen Speisevorschriften sowieso nicht so verpflichtet wussten, sich glücklich einem anderen Tisch anschlossen – was vom Standpunkt der Ehrlichkeit und des Mischens untereinander natürlich gut, für die Küche aber leider ziemlich verwirrend war.

Die ganze Sache wurde noch verwickelter durch die Schwierigkeiten, die die Küche mit dem genauen Verständnis dieser seltsamen Speisebeschränkungen hatte.

Sie wussten wohl, dass Fleisch zu verbannen war, und so entfernten sie den üblichen Wurstaufschnitt vom Abendbrottisch und ersetzten ihn durch Käse. Was sie aber oft nicht bemerkten, waren die abenteuerlichen Schmelzkäsesorten, die in Deutschland so angeboten werden, einschließlich jener mit den kleinen Schinkenstückchen. Und so verbrachte ich in diesen frühen Jahren manches Frühstück und Abendbrot damit, um Tische herumzulaufen und verdächtigen Käse zu beschlagnahmen, bevor er in irgendeinem nichts ahnenden Mund verschwand.

Um auf die Saga des Vegetariertisches zurückzukommen: Wir stießen auf eine geniale Lösung. Im Folgejahr wurde die gesamte Konferenz vegetarisch ausgerichtet, so dass niemand ausgegrenzt oder verletzt werden konnte. Leider vergaß ich, dies am Eröffnungsabend zu erklären.

Nach zwei Konferenztagen kamen also Delegationen von Juden und Muslimen zu mir, aus irgendeinem Grunde sehr wenige Christen, um sich darüber zu beschweren, dass kein Fleisch angeboten wurde! Deshalb erkläre ich die Dinge nun in jedem Jahr – denn eine weitere Lektion, die man aus dem Dialog lernt, ist, dass man jedesmal ganz von vorn anfangen muss und nichts voraussetzen kann. Du selbst magst dich persönlich weiterbewegt haben, aber deine neuen Partner stehen noch ganz am Anfang.

Es gibt noch eine zweite Speisegeschichte, die näher an dem Punkt ist, auf den ich hier hinweisen möchte.

Ich lernte früh, dass es unter Muslimen offensichtlich zwei Einstellungen gegenüber dem Alkohol gibt. Einige haben nicht nur etwas dagegen, dass er für Muslime vorhanden ist, sondern auch etwas dagegen, dass irgendjemand sonst in der Nähe ihn trinkt. Andere, obwohl streng gegen sich selbst, haben nichts dagegen, wenn er für Nicht-Muslime zugänglich ist.

Auf dieser Grundlage entschieden wir uns allmählich dafür, die üblichen Weinflaschen aus der Bar im Konferenzzentrum zu entfernen und nur noch Soft-Drinks und Tees anzubieten. Doch es blieb ein Problem: Am Freitagabend sprechen Juden, als Teil des religiösen Ritus, einen Segen über den Wein und trinken ihn. Die Muslime in unserem Vorbereitungsteam waren vollkommen damit einverstanden, dass wir Wein tranken, bestanden jedoch darauf, dass die Flaschen, in denen er an den Tisch gebracht wurde, klar gekennzeichnet würden, um ein Versehen auszuschließen. Wir waren froh, es so zu machen, und so gab es für das Freitag-Abendmahl Weinflaschen und Flaschen mit Traubensaft.

Im ersten Jahr lief das prima, im zweiten Jahr beschloss die Küche allerdings sich einzumischen.

Sie hatten gelernt, dass der Freitagabend etwas Besonderes war und wahrhaftig für diese Gelegenheit ein fantastisches Buffet angerichtet. In diesem Jahr wollten sie es noch besser machen und stellten wunderschöne Gläser auf den Tisch nebst zwei verschiedenen Arten Glaskaraffen: In die einen gaben sie Wein, in die anderen Traubensaft. Doch obwohl die beiden ein bisschen unterschiedlich aussahen, war es sehr schwer sie zu unterscheiden, und Sie können sich die Probleme für die Muslime vorstellen, als sie mit diesen praktisch nicht zu unterscheidenden Karaffen konfrontiert wurden.

Einige der weniger Erfahrenen waren wirklich verärgert. Es schien ihre schlimmsten Befürchtungen zu bestätigen, Befürchtungen über die Gefahren auf Dialogkonferenzen und die Versuche, sie zu verführen und von ihren Traditionen abzubringen. Glücklicherweise war die Sache ziemlich schnell geklärt, und es wurde sogar noch ganz nützlich den Vorfall zu diskutieren.

Dennoch hielt ich es für richtig einen solchen Vorfall für die Zukunft zu verhindern, und führte an, dass letztlich überhaupt kein Wein nötig sei, da Juden den Segen am Freitagabend genauso gut über Traubensaft sprechen könnten. An dieser Stelle aber bekam ich Einwände von den jüdischen Teilnehmern – sie stellten nicht die Rechtmäßigkeit des Traubensaftersatzes in Frage, fragten aber, warum es eigentlich immer die Liberalen seien, die alles den Fundamentalisten zugestehen müssten. Warum sollen wir unseren Wein aufgeben?

Es gibt eine Anzahl von Antworten auf diese Frage. Die erste ist, dass jeder, der in einen Dialog eintritt, bereit sein muss, einige Opfer zu bringen auf der Suche nach einer gemeinsamen Mitte, wo das Treffen stattfinden kann.

Wenn die eben genannte Aktion einem der Partner mehr Wohlfühlen ermöglicht, dann scheint es mir ein legitimes und auch nicht überforderndes Opfer zu sein. Wie auch immer, die vorliegende Diskussion wurde von jenem Argument überschattet, das oft zwischen Liberalen und Fundamentalisten derselben Tradition gehört wird: Dass nämlich solche Zugeständnisse der »Liberalen« zu weiteren Zugeständnissen und schließlich zum Verlust der Rechtmäßigkeit der liberalen Position führen.

Nachdem ich darüber nachgedacht hatte, wies ich meine jüdischen Kollegen darauf hin, dass für sie die Reise nach Bendorf zu diesem Treffen mit Muslimen nicht besonders lang war – weder geographisch noch geistig. Es ist schließlich ein wesentlicher Teil unserer liberalen Tradition, dass wir uns der Welt und anderen gegenüber offen zeigen.

Bei jeder Gelegenheit fühlen wir uns frei von den vielen Zwängen unserer Tradition, vor allem auch bei Speisefragen, die gesellschaftliches Miteinander so schwierig machen. Aber jene Muslime, die aus einem mehr konservativen Rahmen kommen, mussten für die Reise nach Bendorf eine weit größere emotionale Entfernung zurücklegen. Wenn wir das Solidaritätsgefühl der Muslime mit den Palästinensern dazurechnen, das jedes Treffen mit Juden zusätzlich verdächtig macht und für einige sogar ernstliche Auswirkungen bei ihrer Rückkehr haben kann, dann müssen wir anerkennen, dass auch hier eine gewisse Machtunausgewogenheit vorliegt.

Damit beide Seiten einander begegnen konnten, musste eine Symmetrie hergestellt werden. Das aber konnte nur erreicht werden, wenn der Unterschied zwischen intellektuellen, emotionalen, geistigen und politischen Lasten erkannt wurde, die ein jeder trug. Bei ungleichen Gewichten auf der Wippe muss die Mittelachse mehr zu einer Seite hin verlagert werden, wenn der tatsächliche Gleichgewichtspunkt gefunden werden soll. Um des Dialoges willen hatte jede Seite innerhalb ihrer eigenen Beziehungen Opfer und Zugeständnisse gemacht – es war ein Fehler, die Reise des anderen an den eigenen Maßstäben zu messen.

Teil des Dialogs ist in der Tat, die Reise verstehen zu lernen, die der Partner unternehmen musste, damit das Treffen überhaupt möglich wurde.

Genau wie Machtunterschiede die offensichtlichen Probleme im frühen Dialogstadium verzerren können, so können auch Unterschiede der Handlungs- und Meinungsfreiheit, wie sie zwischen Vertretern liberaler und konservativer Kulturen bestehen, zu Missverständnissen führen.

Teil der Kunst des Dialogs ist es, den Punkt zu erkennen, an dem diese unausgedrückten und unerkannten Untertöne das Geschehen diktieren, um sie dann so feinfühlig wie möglich ans Licht zu bringen.

Ich denke, es gibt noch einen weiteren Problembereich im Umfeld der Begegnung zwischen so genannten liberalen Gruppen und so genannten Konservativen, Traditionalisten oder Fundamentalisten: dem der vorgefassten Meinung über den anderen.

Es braucht wohl kaum gesagt zu werden, dass die Begriffe (liberal, konservativ ...) zu einem gewissen Grad irreführend sind. Es gibt Leute in einer liberalen Organisation, die ihrem Temperament nach konservativ und in ihrem persönlichen Denken sogar ausgesprochen eng sind und dogmatisch werden, wenn es um die Wahrheit spezifisch liberaler Haltungen und Konditionen geht. Umgekehrt kann es Konservative geben, die vom Temperament her offen und tolerant sind.

Ich erinnere mich an ein Problem, dem wir uns in den ersten Tagen der interreligiösen Arbeit gegenübersahen. Als liberale oder Reform-Juden wollten wir unser geistiges Gegenüber im Islam finden. Aber wo gab es das Äquivalent unseres Mittelklasse-Reformjudentums? Stattdessen trafen wir in jenen Tagen auf eine Polarisation, seltsamerweise der heute im Staat Israel existierenden nicht unähnlich. Man war entweder Fundamentalist oder Säkularist – mit äußerst wenig Mittelweg dazwischen. Eröffnete man nun ein Gespräch mit der einen Gruppierung, war die Tür zur Arbeit mit der anderen Gruppe zu einem gewissen Grad geschlossen.

Wir hatten das Glück, einen einwandfrei traditionell ausgewiesenen muslimischen Führer zu treffen, der die Bedeutung des zwischenreligiösen Dialogs als Teil der Integration der Muslime in die westeuropäische Szene erkannte. Und als die erste, sich vortastende Begegnung begann, entdeckten wir in der muslimischen Spiritualität eine Kraft, Schlichtheit und Unmittelbarkeit, die ebenso bereichernd und erfrischend wie herausfordernd war.

Als »Liberale« fanden wir uns auf einmal ausgestreckt, um diesen »anderen« zu begegnen, und wir lernten, dass der einzige uns offene Ort der Begegnung unsere gemeinsame Erfahrung des Glaubens an Gott war. Aber es war ein Glaube, der mit Unmittelbarkeit und Ernsthaftigkeit ausgedrückt wurde, was von unserer mehr zögerlichen, milden Sprache doch etwas entfernt war. So mussten wir unseren eigenen Glauben ausstrecken, um gemeinsamen Boden finden zu können, und gewannen unermesslich aus dieser Erfahrung.

Eines der seltsamen Nebenprodukte des Eintretens in die traditionelle Welt der Muslime und des Kennenlernens ihrer Interessen war, dass ich sensibler für die Interessen traditioneller Juden wurde. Das Gespräch mit den »anderen« hatte mich für den Dialog mit den Menschen meiner eigenen Religion geöffnet. Ich weiß nicht, ob das umgekehrt auch für unsere traditionelleren muslimischen Partner zutrifft; aber wenn ich auf den Weg blicke, den einige von ihnen seit jenen frühen Tagen zurückgelegt haben, vermute ich, dass ihr Gefühl religiöser Sicherheit gewachsen ist und damit auch eine größere Offenheit anderen Ansichten und Positionen gegenüber.

Das Risiko, den Kontakt zu verlieren

Dies scheint ein trefflicher Punkt, um zu einem besonderen Risiko vorzustoßen, das auf einer späteren Stufe des Dialogs eintritt.

Es scheint die schlimmsten Befürchtungen jener zu bestätigen, die gegen das ganze Unternehmen sind oder ihm doch zumindest ambivalent gegenüberstehen. Ist man dem anderen erst einmal auf einer wirklich persönlichen Ebene begegnet und Argwohn und Furcht haben sich in Respekt und dann in Freundschaft und Liebe verwandelt, folgen eine ganze Reihe von Konsequenzen, denn es hat sich eine neue Gruppe von Loyalitäten entwickelt. Es ist beinah ein Klischee, dass viele Leute mit regelmäßiger Erfahrung im interreligiösen Gespräch finden, dass sie mehr mit ihrem Dialogpartner gemeinsam haben als mit der Mehrzahl ihrer eigenen Leute. Dies sollte nicht überraschen, da die Leute, die bereit sind, am Dialog teilzunehmen, wahrscheinlich ähnliche Gedanken teilen und vermutlich schon am Rande ihrer eigenen Welt stehen. Der Wunsch, den anderen zu treffen, oder die Erkenntnis, dass dies wichtig ist, ist bereits ein Schritt über die herkömmliche Weisheit und die üblichen Erwartungen vieler Gruppen hinaus.

Eine gewisse geistige Verwandtschaft zwischen Dialogpartnern darf schon erwartet werden, wie unterschiedlich sie auf den ersten Blick auch scheinen mögen.

In diesem Geschehen gibt es häufig eine Art doppelten Wachstums. Der religiöse »Schub« des Treffens entlässt uns zurück in unsere eigene Tradition: frisch, offen und neugierig für die eigene geistige Tradition.

Das mag zum Teil mit dem Bedürfnis zusammenhängen, nach der Offenheit, die wir soeben erfahren haben, ein gewisses Maß an Sicherheit in unserer eigenen Identität wieder herzustellen. Auf einer tieferen Ebene jedoch sensibilisiert uns eine echte religiöse Begegnung, persönliche Fragen zu weiten und zu erneuern, und die Antworten müssen in der eigenen, heimischen Tradition gefunden werden. Unseren Glauben mit einem anderen zu teilen und dies erwidert zu finden, führt zu gegenseitiger Ermutigung in der religiösen Suche. Darüber hinaus entdecken wir in dem neuen Partner oft ganz bestimmte Eigenschaften, die wir selbst gerne hätten. Die Tatsache, dass wir diese Eigenschaften entdecken, legt nahe, dass wir sie bereits verborgen in uns tragen; nun beginnt jedoch die innere Arbeit, sie zu entfalten und zu entwickeln.

Da alle großen Religionen, beinah per Definition, irgendwann alle menschlichen und spirituellen Dimensionen angesprochen haben müssen, mag es in unserer eigenen Tradition einiges geben, was in der unmittelbaren Vergangenheit und Gegenwart vernachlässigt worden ist und was es nun wieder zu entdecken gilt. Dialog eröffnet oft Wege der Erneuerung einer religiösen Tradition auf persönlicher und gemeinschaftlicher Ebene.

Doch neben diesem Hineinwachsen in unsere eigene Tradition kann es auch die Erkenntnis der Entfernung von derselben geben. Der Wirklichkeit des anderen begegnet zu sein hat die herkömmlichen oder stereotypen Sichtweisen, mit denen der andere gesehen wird, in Frage gestellt – Sichtweisen, die wir ererbt haben und die wir in der Tat zunächst mit in den Dialog einbrachten.

So ist es eine sehr schmerzhafte Erfahrung, mit dem Wissen nach Hause zu kommen, wie sehr unsere Vorurteile unseren neuen Partner berühren, und mit dieser neuen Sensibilität auf die ungenauen und unangenehmen Einstellungen zu treffen, die immer noch unsere heimatliche Umgebung beherrschen.

Noch schwieriger oder frustrierender können das Unverständnis und die Feindschaft sein, denen wir begegnen, wenn wir zu erklären versuchen, wie unsere Wahrnehmung sich gewandelt hat. Unter Umständen wird unsere Loyalität in Frage gestellt und gefordert, dass wir uns entscheiden, auf wessen Seite wir stehen.

Es gibt keine einfachen Antworten auf solche Herausforderungen. Eine Möglichkeit, sich der Situation zu stellen, ist, dass man anerkennt, dass es zwei Formen von Loyalität gibt.

Es gibt die enge, ausschließliche Form, die verlangt, dass das Eigeninteresse der Gruppe über alle anderen Überlegungen gestellt wird; aber es gibt ebenso die weitere, großzügigere Form der Loyalität, die nicht verlangt, dass die Liebe zur eigenen Gruppe die Liebe zur »anderen« ausschließt.

Jene, die die Reise von der engen zur weiten Loyalität gemacht haben, finden sich selbst zuweilen isoliert, missverstanden und des Verrats angeklagt, was doppelt wehtut, da sie den Dialog gerade als einen Weg erfahren haben, sowohl ihrer eigenen Gemeinschaft zu einem besseren Ausdruck ihrer Werte zu verhelfen als auch eine neue und positive Beziehung zu anderen zu gewinnen.

Was tatsächlich geschieht, ist, dass durch das Wachsen des Dialogs eine neue Form der Teilung in der Welt geschaffen wird: zwischen denen, die Dialog erfahren haben und durch ihn verändert wurden, und denen, die das nicht haben.

Neben ihrer eigenen »historischen« Gruppenidentität teilen die ersten untereinander eine Identifikation mit ihren neuen Partnern und in der Tat mit allen anderen, die die gleiche Reise unternommen haben.

Sie müssen einen Balanceakt leisten, wenn sie versuchen, ihrer eigenen Gemeinschaft die Lektionen zurückzubringen, die sie selbst gelernt haben, *ohne* jene zu entfremden, die sie von dem Wert dessen überzeugen können, was sie selbst erfahren haben.

In jeder Form von Führung gibt es immer ein Risiko, dass wir uns so weit nach vorne, fort von unserer Wählerschaft bewegen, dass es unmöglich ist, wieder in Kontakt mit ihr zu kommen. In gewisser Weise müssen jetzt all die Fertigkeiten des geduldigen Zuhörens, einfühlsamen Argumentierens, des gemeinsamen Gebetes und der Stille, die den Dialog ermöglicht haben, mit noch größerer Fertigkeit mit dem Versuch angewandt werden, die eigene Welt wieder zu betreten.

Wie der Prophet Jesaja, dessen Mund mit der reinigenden Kohle vom Altar berührt worden war, sind jene, die den Dialog erfahren haben, zu Mittlern zwischen zwei Domänen geworden – beiden verantwortlich, aber immer auch möglicherweise von beiden missverstanden. Dieses Risiko des Dialogs sollte von jenen, die ihn zum ersten Mal angehen, nicht unterschätzt werden. Der schwerste Teil ist das Nachhausekommen.

Vielleicht ist es wichtig festzuhalten, dass die Probleme womöglich nicht nur bei den Leuten zu Hause liegen. Der Vorgang des Dialogs ist nichts Magisches mit garantierten Ergebnissen. In gewisser Hinsicht ist es genau aus dem Grunde, dass wir uns dem »anderen« offen darlegen, uns verwundbar machen, möglich, dass wir in Fallen tappen. Wie ich schon angedeutet habe, kommen wir zu solchen Treffen alle mit unterschiedlichen Tagesordnungen.

Neben der Anerkennung der Werte von Toleranz und gegenseitigem Respekt ist die bloße Tatsache, dass es Dialog gibt, auch ein Produkt einer neuen religiösen Wirklichkeit. In einer materialistischen und säkularen Gesellschaft sind wir in gewissem Sinne alle, auch der Glaube der gesellschaftlichen Mehrheit, eine religiöse Minderheit. Irgendwo ist der Wunsch, den anderen zu treffen, ein Versuch, gegenseitige Unterstützung in einer relativ feindlichen Welt zu finden. Wie sehr wir auch immer das neue Verlangen nach Begegnung rationalisieren – wir kauern auch aus einem gemeinsamen Bedürfnis zusammen.

Ich glaube nicht, dass das eine schlechte Sache ist, denn es hat manchen Gewinn gebracht. Darüber hinaus finde ich Säkularismus nicht so bedrohlich – vielleicht wegen der Besonderheiten des jüdisch-religiösen Pragmatismus; immerhin hat er uns häufig herausgefordert, unsere religiösen Traditionen und Werte neu zu überprüfen.

Ist erst einmal eine neue Gruppe von Verbündeten entdeckt, besteht allerdings immer die Gefahr, dass irgendjemand versucht den Prozess für seine eigenen Zwecke zu missbrauchen.

Gerade wegen der verschiedenen Unsicherheiten, die wir in den Verlauf des Dialogs mit einbringen, tappen wir leicht in die Falle, ein neues Bündnis der Getreuen gegen die unheilige Welt da draußen aufzubauen.

Es kann geschehen, dass Leute mit einer dringlichen und speziellen Tagesordnung versuchen, die neuen Partner als Verbündete in ihrem eigenen, speziellen Kampf zu benutzen und dann, wenn keine Unterstützung kommt, sogar die Gültigkeit dessen, was zwischen ihnen geschehen ist, in Frage zu stellen. Das soll nicht heißen, dass es keine Gelegenheiten gibt, bei denen solch eine Bitte oder sogar Forderung legitim ist. Es soll nur warnend anklingen, dass genau die Elemente von Macht und Machtlosigkeit, die den Dialog zu Anfang erschweren, immer noch wirksam sein können. Dass man füreinander sorgt, heißt ja nicht, dass man seinen gesunden Menschenverstand ausschalten soll.

In gewisser Weise beginnt die echte Dialog-Arbeit in diesen späteren Phasen – oder, um es so zu formulieren: An diesem Punkt fangen wir an, die volle Verantwortung für die Freude zu tragen, die wir aufgrund des fortschreitenden Dialogs erfahren durften.

Das letzte Risiko

Es gibt ein abschließendes Risiko bezüglich des Dialogs, das ich gerne erwähnen möchte.

Es ist das Risiko, den Dialog heute *nicht* zu beginnen. Es ist ein Gemeinplatz, dass wir heutzutage in ganz Europa den Aufstieg nationalistischer Kräfte erleben, einhergehend mit Rassismus, Antisemitismus und anderem Missbrauch menschlicher Würde.

Doch selbst wo es keine offene Gewalt gibt, bewirkt die Gegenwart eines solchen Extremismus eine bedeutende Polarisierung der ganzen Gesellschaft: Je extremer die Gewalt der äußersten Rechten, desto weiter treibt sie die gesamte Gesellschaft gegen rechts. Diejenigen mit Regierungsverantwortung haben nun ein radikaleres Vorbild, an dem sie sich selbst messen und rechtfertigen können: »Seht nur, wie menschlich unsere Politik im Vergleich zu dem ist, was *die* tun.«

Zum Beispiel führten die Angriffe auf Immigranten in Deutschland von Seiten der Regierung nicht zu umgehenden Solidaritäts- und Hilfsbekundungen für die Opfer, noch zu einem Aufruf, diese Form des gewalttätigen Rassismus auszuschalten. Stattdessen führten sie zu Aufrufen, die Asyl- und Immigrantengesetze zu ändern – genau die Politik, die die Gewaltvertreter zu erreichen versuchten.

In einer solchen Situation gehört der Dialog zu den wenigen Aktivitäten und Ideologien, die Einstellungen wieder in die andere Richtung bewegen können. Was wir für die Gesundheit unserer pluralistischen westlichen Gesellschaften brauchen, sind wirksame Modelle der Toleranz, Zusammenarbeit, gegenseitigen Achtung und Unterstützung, die gleichzeitig Unterschiede bewahren und individuelle und Gruppenidentitäten respektieren.

Diejenigen, die in Dialogen jeder Art engagiert waren, haben eine ganze Menge beizusteuern, und es sollten viel mehr Mittel bereitgestellt werden, um ihre Erfahrungen zu entfalten und zu nutzen. Genauer noch: Wir, die wir in unserer eigenen religiösen Tradition Verantwortung tragen, sollten unsere Aufmerksamkeit auf die in unserer eigenen Tradition enthaltenen Beispiele von Toleranz und gegenseitiger Achtung richten und sie dazu gebrauchen, ein stärkeres Bewusstsein für ihre Bedeutung zu entwickeln.

Wie bei der Loyalitätsfrage haben wir in unseren Traditionen beides, enge und weite Perspektiven: jene, die vornehmlich um Selbsterhaltung besorgt sind, und jene, die eine gemeinsame Menschheit und gegenseitige Verantwortung anerkennen.

Leider meinen heutige Rufe zur religiösen Erneuerung allzu oft einen Rückzug ins Konservative, statt dass sie zu einem Wiedererwachen der Offenheit und geistigen Großzügigkeit aufrufen, die das Kennzeichen religiösen Glaubens sind. Wie in jeder Generation ist es unsere Aufgabe zu wählen, wo wir unseren Schwerpunkt und unsere Verpflichtung ansetzen.

In einer Welt, die immer kleiner zu werden scheint, tatsächlich aber zunehmend zerspaltener und regionaler wird, ist Dialog nicht länger einfach nur ein religiöser Luxus für ein paar wohlmeinende, aber am Rande stehende Individuen. Mit all den ihm innewohnenden Schwierigkeiten und Risiken können die Erfahrungen und Lehren des Dialogs eine umwandelnde Rolle für das Ganze unserer Gesellschaft spielen.

Martin Buber sagte, alles wirkliche Leben sei Begegnung, Dialog.

Ich möchte nur hinzufügen, dass heute alles authentische religiöse Leben Risiko bedeutet.

Der Dekalog – jüdische Grundlagen des Ethos der monotheistischen Religionen

Die Zehn Gebote spielen eine zentrale Rolle innerhalb der religiösen Tradition der Hebräischen Bibel. Als Bundespräambel zwischen Gott und Israel enthalten sie bestimmte Schlüsselsätze, die zur Grundlage weitester Teile der menschlichen Zivilisation geworden sind. Tatsächlich sind sie aus diesem biblischen Kontext herausgetreten und haben ein Eigenleben begonnen. Die Kürze und Formelhaftigkeit ihrer Konstruktion machen sie zu einem Prüfstein auf der Suche nach universalen Werten und zu einem Modell für weitere Versuche, Aufstellungen von Werten in verschiedenen Kontexten zu entwerfen. Selbst die Geschichte, die ihr Erscheinen in der Bibel umgibt – die beiden von Gott beschriebenen Steintafeln, ihr anschließendes Zerschlagenwerden durch Mose und sein Neuschreiben eines jeden Wortes auf einem zweiten Paar Tafeln – gibt ihnen eine starke mythische Qualität, ganz abgesehen von ihrem tatsächlichen Inhalt. Die Tatsache, dass es *zehn* Gebote sind, an sich eine Zahl außergewöhnlicher Macht, mit ihrer Beziehung zu den

Fingern zweier Hände, trägt zu der Schnelligkeit bei, mit der man sich die zehn Gebote einprägen kann.

Und doch ist es genau diese Macht, die sich für das Rabbinische Judentum, das selbst auf der Hebräischen Bibel aufbaut, als problematisch erweist. Die Rabbiner bemühten sich um beides: die Zehn Gebote zu ehren und zur gleichen Zeit zu verhindern, dass sie als eine Art Wesensaussage der biblischen Botschaft gesehen würden. Sie fürchteten genau jene Tendenz, die dazu führte, die Zehn Gebote für sich allein stehen zu lassen. Für die Rabbiner waren die gesamte Thora, die fünf Bücher Mose und alle folgenden und abgeleiteten Gesetze und Lehren gleichermaßen bedeutsam als das Wort Gottes. Es gab keine »Essenz«, keine »Wesensaussage«, keine einfache Formel, die an die Stelle der restlichen Bibel treten konnte. Alle Gesetze innerhalb der Thora waren von gleichem Wert und gleicher Bedeutung – selbst wenn einige von ihnen etwas obskur erschienen, während andere auf natürlichen menschlichen Erwartungen und gesundem Menschenverstand zu beruhen schienen. Die Suche der Rabbiner galt der Anwendung der Thora – in ihrem kleinsten Detail – in unserer Lebensführung, sei es individuell oder in der Gesellschaft als ganzer. Ihre Methode waren die Erörterung und das Durchgehen spezifischer Fälle und Beispiele. Sie widerstanden der Schaffung von Grundsätzen, Glaubensbekenntnissen und Dogmen; eine Offenheit gegenüber der außerordentlichen Vielfalt menschlicher Erfahrungen und Bedürfnissen zogen sie vor.

So wurde es für sie wichtig dafür zu sorgen, dass die Zehn Gebote keinen zu wichtigen Platz einnahmen, um nicht die vollständigere Offenbarung Gottes zu überschatten und somit zu verkleinern. Obwohl sie ursprünglich täglich in der Tempel-Liturgie rezitiert wurden und in den *t'fillin* enthalten waren, wurden sie in der Folge aus den *t'fillin* völlig entfernt und erhielten in der Post-Tempel-Liturgie einen weniger bedeutenden Platz. Als Grund wurde genau die Befürchtung angegeben, Sektierer könnten die Zehn Gebote zum Wesen der Thora erklären (Jerusalemer Talmud, Berakhot

1,3c). Wenn sie als Teil der regelmäßigen wöchentlichen Lesezyklen der Thora in der Synagoge gelesen werden (in Ex 20 – *yitro*, und in Dtn 5 – *va'ethanan*), steht, ebenso wie an Schawout (Pfingsten), die Kongregation üblicherweise auf. Aber auch diese Handlung wurde im Mittelalter erörtert, da sie den Zehn Geboten wiederum zu große Bedeutung einräumte.

Bevor wir die Zehn Gebote in ihrer weiteren Bedeutung betrachten, müssen wir sie in ihrer biblischen Umgebung untersuchen. Der erste zu beachtende Punkt ist, dass der Begriff »Zehn Gebote« überhaupt nicht biblisch ist. Als sie von Mose wiederholt werden, bezeichnet er sie als die »Zehn Worte« (*asereth hadevarim* – Dtn 4,13), der gleiche Ausdruck, der für den von Mose auf das zweite Paar Tafeln eingemeißelten Text gebraucht wird (Ex 34,28), »die Worte des Bundes, die zehn Worte«. Später wird im mischnaischen Hebräisch das Wort »*devarim*« durch »*dibberoth*« ersetzt, jener Ausdruck, den die Rabbiner wählten, um göttliche Rede wiederzugeben (Greenberg, 1985, 83-84). Diese Unterscheidung zwischen »Geboten« und »göttlichen Äußerungen« spiegelt sich in Martin Bubers Untersuchung des Dekalogs innerhalb des Umfelds der Entstehung des Bundes zwischen Gott und Israel wider:

»Damit soll gesagt sein: die in ihm erkennbare Absicht geht weder auf Glaubensartikel noch auf Sittenregeln, sondern auf die Konstituierung einer Gemeinschaft durch eine Gemeinschaftssatzung.« (Buber, 1958, 130-131)

Weiter erklärt er, dass, nimmt man die einzelnen Gebote für sich, wie in den Bibelwissenschaften allgemein geschehen, man zwischen »religiösen« und »ethischen« Geboten unterscheiden kann, wobei alle Gebote an Individuen gerichtet sind. Doch die Israelitische Gemeinschaft machte keine solche Unterscheidung zwischen »religiös« und »ethisch«, da alle Gebote unter den göttlichen Erlass fielen. Darüber hinaus sah sich das »Individuum« als Teil des kollektiven Ganzen, als Teil eines gemeinsamen Lebens, vereint durch die Vorstellung eines göttlichen Herrn.

Bei der Analyse der Dekalogstruktur erkennt Buber eine Dreiteilung. Nach seiner Erkenntnis gibt es innerhalb des ersten Teils fünf besondere so genannte »religiöse« Gebote, d.h. jene Gebote, die die Beziehung zwischen Israeliten und Gott bestimmen. In ähnlicher Weise gibt es fünf abschließende so genannte »ethische« Gebote, die von zwischenmenschlichen Beziehungen handeln. Dazwischen jedoch stehen zwei, die Buber als die einzigen sieht, die ausdrücklich mit Zeit zu tun haben – das Gebot über das Halten des Schabbat und über das Ehren von Vater und Mutter. Er schreibt:

»Beide – und innerhalb des Ganzen nur diese beiden – handeln von der *Zeit*, von gegliederter Zeit, das erste von der geschlossenen Folge der Wochen im Jahr, das zweite von der offenen Folge der Generationen in der Volksdauer ... Beides zusammen gewährleistet die Kontinuität der Volkszeit: die nie abbrechende Folge der Weihe, die nie abbrechende Folge der Überlieferung.« (Buber, 132)

Zu den abschließenden Geboten erklärt Buber:

»Wenn der erste Teil vom *Gott* der Gemeinschaft, und der zweite von der *Zeit*, dem Nacheinander der Gemeinschaft handelt, so ist der dritte Teil dem *Raum* der Gemeinschaft, ihrem Nebeneinander gewidmet, insofern als hier das gegenseitige Verhältnis zwischen den Gliedern der Gemeinschaft normiert wird. Vier Dinge sind es vor allem, die geschützt werden müssen, damit die Gemeinschaft in sich gefestigt sei: das Leben, die Ehe, das Eigentum und die soziale Ehre; so wird die Verletzung dieser vier Grundgüter und Grundrechte der persönlichen Existenz in den einfachsten und prägnantesten Formeln verboten.« (Buber, 133)

Buber schließt seine Analyse mit dem letzten Gebot, dem Gebot gegen das Begehren jener Dinge, die deinem Nachbarn gehören:

»Es gibt aber eine Haltung, die den inneren Zusammenhang der Gemeinschaft zerstört, auch wenn sie sich nicht eigentlich in Handlungen umsetzt, ja die gerade durch ihre passive oder halbpassive Fortdauer zu einem fressenden Schaden besonderer Art am Leib der Gemeinschaft ist; es ist die Haltung des Neids. Das Verbot des ›Begehrens‹, ... ist als das Verbot des Neides zu verstehen; es geht nicht auf eine Gesinnung des Herzens allein, sondern auf eine Haltung von Mensch zu Mensch, die das Gewebe der Gemeinschaft zersetzt.« (Buber, 133)

Einige weitere Bemerkungen über den Inhalt der Zehn Gebote: Buber macht auch darauf aufmerksam, dass sie mit Gottes Mahnung an den Auszug aus Ägypten beginnen, statt auf Gott als den Schöpfer der Welt zu blicken. Hier wird die besondere Beziehung zu Israel betont. Ein Rabbinischer Kommentar betont diesen Punkt mit einer Parabel:

»Es ist wie mit einem König, der in eine Provinz kam. Er sagte zu ihnen: ›Darf ich über euch herrschen?‹ Sie sagten zu ihm: ›Hast du irgend etwas zu unserem Wohle getan, so daß du über uns herrschen solltest?‹ Was machte er? Er baute eine Stadtmauer für sie, regelte die Wasserversorgung und kämpfte ihre Kriege. Er sagte zu ihnen: ›Darf ich über euch herrschen?‹ Sie antworteten: ›Ja, ja!‹ In der gleichen Weise führte Gott Israel aus Ägypten, spaltete das Meer für sie, brachte Manna für sie vom Himmel, errichtete den Brunnen in der Wüste für sie, brachte die Wachteln für sie und kämpfte für sie den Kampf gegen Amalek. [Dann] sagte Gott zu ihnen: ›Soll ich über euch herrschen?‹ Sie antworteten: ›Ja, ja!‹« (Mekhilta Bahodesh 5 zu Exodus 20,2)

Obwohl dieser Passage Humor zugrunde liegt, betont sie doch die Beziehung von Gott und Israel durch eine gemeinsame Erfahrung von Loyalität und Treue. Das ist die Grundlage, auf der ein dauerhafter Bund aufgebaut werden kann. Die einleitende mahnende Erinnerung an den Exodus aus Ägypten prägt den Zehn Geboten in ihrer Gesamtheit und der Gesellschaft, die Israel mit ihrer Hilfe bilden soll, eine andere Idee ein. Denn sie will die Befreiung von der Sklaverei, eine Gesellschaft, aus der die Zwangsarbeit Ägyptens für immer verbannt ist. Und in der Tat, das erste Gesetz im folgenden Kapitel des Buches Exodus befasst sich mit der Befreiung der Sklaven im siebten Jahr. Israeliten können einander nicht länger besitzen. Und obwohl dieser Akzent dem Bund streng innerlich ist und den Besitz fremder Sklaven nicht betrifft, hat doch die gesamte Stoßrichtung der Exodus-Erzählung ähnliche universale Implikationen. Genau das ist im Buch Exodus ausgedrückt, wenn ständig darauf hingewiesen wird, dass die Befreiung Israels auch eine Lektion für die Ägypter ist, die große Weltmacht jener Zeit (Ex 7,5; 9,14; 11,7; 14,4; 18).

Freiheit wird ein weltweiter Wert werden. Tatsächlich ist das Bild vom Auszug aus Ägypten ein bleibendes, weltweites Symbol des Freiheitskampfes in jeder Gesellschaft und in jeder Situation von Sklaverei geworden, wo diese biblische Geschichte bekannt ist.

Der zweite größere Akzent liegt in den Zehn Geboten auf der Ablehnung des Götzendienstes. Ausgehend von der Forderung absoluter Loyalität gegenüber Gott, stellt das Verbot, sich Bilder von irgendetwas ›im Himmel oben, auf der Erde unten oder in den Wassern unter der Erde‹ zu machen, eine Herausforderung an jeden Versuch dar, Gott an irgendwelche menschliche Begrenzung zu binden. Erich Fromm weist hin auf die weit reichende Folgerung aus diesem Gebot:

»Gott als höchster Wert und höchstes Ziel ist *nicht* Mensch, *nicht* Staat, eine Institution, Natur, Macht, Besitz, sexuelle Macht oder irgendein von Menschenhand geschaffener Gegenstand. Die Behauptung ›Ich liebe Gott‹, ›Ich folge Gott‹, ›Ich möchte wie Gott werden‹ – meint zuallererst ›Ich liebe und imitiere keine Götzen oder folge ihnen‹.

Ein Idol stellt das Objekt zentraler menschlicher Leidenschaft dar: das Verlangen, zur Erd-Mutter zurückzukehren, das Sehnen nach Besitz, Macht, Ruhm und so weiter. Die Leidenschaft, die vom Idol verkörpert wird, ist zugleich der höchste Wert im menschlichen Wertesystem. Nur eine Geschichte des Götzendienstes könnte die Hunderte von Götzen aufzählen und analysieren, für welche menschlichen Leidenschaften und Sehnsüchte sie stehen. Es mag genügen zu sagen, dass die Geschichte der Menschheit bis auf den heutigen Tag vor allem die Geschichte des Götzendienstes ist. Von den primitiven Götzen aus Lehm und Holz bis zu den modernen Götzen des Staates, des Führers, von Produktion und Konsum – geheiligt durch den Segen eines vergötzten Gottes ... Das Idol ist die verfremdete Form menschlicher Selbsterfahrung. Indem er das Idol verehrt, verehrt der Mensch sich selbst. Aber dieses Selbst ist ein Teil, ein begrenzter Aspekt des Menschen: seine Intelligenz, seine physische Kraft, Macht, Ruhm und so weiter. Indem er sich mit einem Teilaspekt seiner selbst identifiziert, begrenzt sich der Mensch auf diesen Aspekt; er verliert seine Ganzheit als menschliches Wesen und hört auf zu wachsen. Er ist abhängig vom Idol, denn nur in Unterwerfung unter das Idol findet er den Schatten, wenn auch nicht die Substanz seiner selbst.« (Fromm, 36-37)

Eine ähnliche Einsicht in das Problem des Götzendienstes findet sich beim Schriftsteller Arthur Miller:

»Ein Idol sagt den Leuten ganz genau, was sie zu glauben haben. Gott bietet ihnen die Wahl, und sie müssen für sich allein entscheiden. Der Unterschied ist hier entscheidend; vor dem Idol bleiben Menschen abhängige Kinder, vor Gott sind sie belastet und gleichzeitig befreit, an den Entscheidungen endloser Schöpfung teilzunehmen.« (Miller, 1987, 259)

So wie die abschließenden »ethischen« Gesetze weltweite Bedeutung haben und ebenso gut zum Gesetzessystem der umgebenden Nationen gehören könnten, muss selbst die spezielle Forderung nach exklusiver Loyalität gegenüber dem eigenen Gott ein Echo in den üblichen religiösen Vorstellungen des Alten Nahen Ostens haben. Tatsächlich stehen nur zwei Gesetze außerhalb solcher Konventionen – genau die beiden, die Buber als auf Zeit bezogene Gebote ausmacht – das Einhalten des Schabbat und das Ehren von Vater und Mutter. Der Schabbat ist einzig im Alten Nahen Osten. Indem er der Gesellschaft den regelmäßigen Rhythmus von sechs Arbeitstagen und einem Ruhetag aufprägt, begrenzt er wirksam den regelnden Einfluss von Sonne und Mond auf die menschliche Zeit und somit die Gefahr ihrer

Vergöttlichung. Israel misst seine Zeit in von Gott vorgegebenem Maß. Vielleicht hat das Gebot, die Eltern zu ehren, woanders sein Gegenstück, aber es ist möglich, dass auch dieses Gebot einzigartig ist oder zumindest hinreichend ungewöhnlich, da es gewissen Nachdruck verlangt – das Versprechen einer Belohnung mit langem Leben. Die Rabbiner sahen es als ein Übergangsgebot zwischen jenen, die sich allein auf Gott beziehen, und jenen, die sich auf die Mitmenschen beziehen, denn unsere Eltern sind Gottes Partner in der »Schöpfung« ihrer Nachkommen. Bemerkenswert ist ebenfalls, dass nur diese beiden Gebote in der Deuteronomistischen Wiederholung der Zehn Gebote durch den Satz verstärkt werden: »wie der Ewige, dein Gott, dir befohlen hat«, was vielleicht auf die einzigartige Natur dieser beiden Gebote hinweist.

Während beide wichtige Werte darstellen, bleiben sie in ihrer Anwendung innerhalb des biblischen Kontextes doch »partikularistisch«. Es überrascht deshalb nicht, dass sie in einer Parallelausgabe der »Gebote« fehlen, die die Rabbinische Tradition einrichtete – die sieben Noachidischen Gebote. Wenn die Zehn Gebote den Bund mit Israel allein verkörpern, so glaubten die Rabbiner, dass Gott einen ähnlichen Bund mit der gesamten Menschheit geschlossen habe – eine Idee, die sich letztlich aus der sich entwickelnden Abfolge von Ereignissen zu Beginn des Buches Genesis ergab. Nach der Flut versprach Gott die Erde nie wieder zu zerstören. Die Rabbiner sahen darin einen bindenden Vertrag mit der Menschheit. So waren alle Menschen, gleich welcher religiösen Überzeugung, verpflichtet, gewisse moralische Grundgesetze zu halten. Diese waren aus den Geboten abgeleitet, welche Adam und Noah erhalten hatten. Insgesamt machte man sieben Gebote aus, obwohl sie inhaltlich in einigen Variationen vorlagen. Sie enthalten Verbote gegen Götzendienst, Gotteslästerung, Blutvergießen, sexuelle Sünden, Diebstahl, und gegen das Essen eines Stückes von einem lebenden Tier, ebenso wie das positive Gebot, ein Gesetzessystem zu errichten (Tosefta Avodah Zarah 8,4; Sanhedrin

56a). Hier finden sich grundlegende Anforderungen für das richtige Verhalten einer jeden menschlichen Gesellschaft. Alle Verbote, mit Ausnahme des Gebotes gegen das Essen von einem lebenden Tier (vermutlich in Beziehung zu Gen 9,4, dem Verbot gegen das Verzehren von Blut), können ihr Gegenstück in den Zehn Geboten selbst finden. Die Basis für ein weltweites Ethos kann in diesen sieben Geboten gefunden werden – oder doch wenigstens eine eröffnende Diskussionsgrundlage.

Doch genau wie die Rabbiner zu ihrer Zeit Vorbehalte gegen die Zehn Gebote hatten, müssen auch wir mit heutigem Blick auf die Zehn Gebote nach gewissen in ihnen liegenden Annahmen fragen – zumal sie völlig an die Natur jener Gesellschaft gebunden sind, aus der sie hervorgingen. Die israelische Bibelwissenschaftlerin und Feministin Athalya Brenner drückt es deutlich aus:

»Die Zehn Gebote – dem werden wohl die meisten Leser zustimmen – sind ein Manifest, das einige grundlegende religiöse, moralische und soziale Normen benennt, die für das Überleben menschlicher Gemeinschaft erforderlich sind. Sie bieten eine Vision göttlich regulierter Ordnung und werden deshalb weitgehend als universalgültig beansprucht. Aber an Sprache und Inhalt gemessen, ist diese Version weit von Gleichheit entfernt: Sie akzeptiert Sklaverei, verewigt ›Andersheit‹ (sozial Unterlegener, einschließlich des *ger*, des ortsansässigen Fremden) und fördert die Diskriminierung der Geschlechter. Ein Spiegel der eigenen Zeit, kein Zweifel. Was dennoch nicht über das Offensichtliche hinwegtäuschen kann. Dieses Manifest religiöser und sozialer Verpflichtungen bezieht sich auf Frauen nur als Sprachobjekte und als sozial Unterlegene. Frauen sind davon betroffen, aber ihre Teilhabe ist nicht existent (als Empfängerinnen der Geschichte); und doch scheint man von ihnen anzunehmen, dass sie stillschweigend gehorchen (als implizit untergeordnete Adressatinnen).« (aus einem Kommentar zu den Zehn Geboten in »Formen des Gebets«, Band 2, veröffentlicht von den Reform Synagogen in GB, 1995)

Der Adressat ist, wie im Falle aller weiteren in den Folgekapiteln des Buches Exodus verkündeten Gesetze, der autonome, erwachsene, israelitische Mann, der »Besitzer« eines Hauses, einer Frau, von männlichen und weiblichen Sklaven, Ochsen und Eseln – er ist der formale Bundespartner Gottes. Um diese Tatsache kommt man nicht herum – sie fordert uns heute vielmehr auf zumindest zwei Ebenen heraus. Denn der Dekalog akzeptiert nicht nur die Zweitrangigkeit der Frau, sondern er scheint auch eine auf Eigentum aufgebaute Gesellschaft von Besitzern und Abhängigen anzunehmen, eine durch göttlichen Entwurf scheinbar legitimierte Machtstruktur. Natürlich ist es nicht ganz so einfach, denn eben dieser autonome, erwachsene Mann ist zugleich Teil einer komplexen Familie, einer Volks- und Nationalstruktur mit ineinander verwobenen Verantwortlichkeiten und Rollen. Darüber hinaus muss, wie die Jubeljahr-Regulierungen in Leviticus 25 zeigen, das Land selbst, die Quelle von Besitz, Wohlergehen und Macht, in regelmäßigen Abständen seinem rechtmäßigen Eigentümer, nämlich Gott, zurückgegeben werden. Gott verteilt es erneut an seine ursprünglichen Israelitischen Familien und Stammesmitglieder. Diese Regulierungen unterwerfen die individuelle Macht des Israeliten beträchtlichen Einschränkungen, obwohl dieses System in der Praxis nie besonders wirksam gewesen sein mag.

Diese beiden Fragezeichen hinter der Richtigkeit der Zehn Gebote in spezieller Hinsicht erinnern deutlich daran, dass man keine dieser Regulierungen für selbstverständlich nehmen kann: weder selbstverständlich für eine bestimmte Gesellschaft noch leicht auf diese anzuwenden.

Ein früher Rabbinischer Midrasch kontrastiert wenig wohlwollend die Bereitschaft Israels, die Gebote zu übernehmen, mit der Zurückhaltung anderer Nationen:

»Die Nationen wurden gefragt, die Thora zu akzeptieren, aber sie lehnten ab ... Gott erschien den Kindern Esaus, des Bösen, und sagte zu ihnen ›Wollt ihr die Thora akzeptieren?‹ Sie erwiderten, ›Was steht darin?‹ Gott sagte zu ihnen, ›Du sollst nicht morden.‹ Sie erwiderten: ›Aber das ist das Erbe unseres Vaters Esau. Von deinem Schwert sollst du leben (Gen 27,49).‹

Dann offenbarte sich Gott den Kindern von Ammon und sagte zu ihnen: ›Wollt ihr die Thora akzeptieren?‹ Sie fragten, ›Was steht darin geschrieben?‹ Gott erwiderte: ›Du sollst nicht ehebrechen.‹ Sie erwiderten: ›Aber wir sind alle die Kinder von Ehebrechern, so wie es ja heißt, beide Töchter Lots waren schwanger von ihrem Vater (Gen 19,36).‹(Mekhiltan Bahodesh 5 zu Exodus 20,2).« Und so ging es weiter. Nur Israel war bereit, die gesamten Gebote »ungesehen« anzunehmen.

Vielleicht erkennt jede Generation auf ihre eigene Weise Vorbehalte gegen die unbedachte Annahme der Zehn Gebote. In unserer eigenen post-marxistischen und post-feministischen Welt müssen wir diese beiden besonderen Formen des Götzendienstes ansprechen, die im Dekalog enthalten zu sein scheinen: Besitz und Patriarchat – wie schwer es auch immer sein mag, solche Fragen zu erkennen oder gar mit ihnen fertig zu werden.

Es gibt eine weitere Herausforderung, die vor allem unsere zeitgenössische westliche Gesellschaft unausweichlich an die Zehn Gebote herantragen muss. Genau jener Punkt, den Martin Buber betonte: Die zentrale Rolle Gottes bei der Konstituierung und dem Zusammenhalten der durch die Zehn Gebote definierten Gesellschaft sorgt bei uns für ein ungutes Gefühl. Der lange Kampf für die Trennung von Kirche und Staat, die Neudefinition der Religion als zur Privatsphäre gehörend – obwohl sie frei ist, die politische Arena wie alle anderen pressure groups mit Hilfe des demokratischen Prozesses zu betreten – all dies spricht gegen die simple Übernahme irgendwelcher komplexer Gewebe aus religiös verordneten Gesetzen. Hier können die Zehn Gebote eher für Trennung sorgen als für Einheit. Trennung zwischen jenen religiösen Individuen und Bewegungen, deren Glaube tief erfüllt ist mit den Werten der Aufklärung und jenen, die dem vollen Gewicht der Aufklärung noch nicht begegnet sind oder die sich in Reaktion gegen diese Werte definiert haben. Sind die Verbote des Dekalogs die bindenden, unhinterfragten und unbeschränkten Worte Gottes oder lediglich Hinweis auf eine bestimmte Stufe der menschlichen Suche, das Göttliche zu verstehen? Sind sie wörtlich zu verstehen und zu befolgen oder sind sie relativ zu sehen, gemeinsam mit so vielen anderen sogenannten »Wahrheiten«? Hier ist paradoxerweise ein Treffpunkt, zumindest für Diskussion und gemeinsame Forschung, zwischen Liberalen und Konservativen, Reformern und sogenannten Fundamentalisten, die innerhalb der Grenzen, und auch grenzübergreifend, in den drei monotheistischen Religionen leben. Obwohl noch viel menschliche Interaktion und Vertrauensbildung gewonnen werden muss, bevor ein solches Thema angegangen werden kann.

Was bleibt also von den Zehn Geboten, das unserer Absicht dienen kann, ein gemeinsames religiöses Ethos zu schaffen? Vielleicht ist es dieses eine Element, das die so genannten religiösen und die so genannten ethischen Gebote durchdringt, die hier gefunden werden müssen. Was sie alle gemeinsam haben, ist ein Verbot gegen das Eindringen in den Raum und die Integrität des »anderen«, sei der »andere« nun Gott, dessen Ehre wir durch Götzendienst schmälern, oder sei es unser Nachbar, dessen Existenz wir in ihrer materiellen und spirituellen Ganzheit durch unseren Angriff verletzen. Statt positive Ideal-Beziehungen zu beschreiben, die doch nie verwirklicht werden können, beschreiben die Zehn Gebote den Schaden, den wir vermeiden sollen, den wir einander nicht zufügen sollen. Sie sprechen von dem Respekt für die eigene Integrität und für die Integrität des anderen. Auch hierin liegt ein Minimal-Universal-Ethos, und wir täten gut daran, es anzunehmen und zu erhalten. Wie Hillel es in seiner eigenen Version der Goldenen Regel ausdrückte: »Tue anderen nicht an, was du nicht willst, daß sie dir antun.« Und er fügt hinzu – mit typisch rabbinischer Einsicht und der gleichen Zurückhaltung, die nicht das ganze Leben zu einem einzigen Credo reduzieren will: »Der Rest (der Thora) ist Kommentar – geh und lerne!« (Shabbat 31a)

Bibliographie

Martin Buber, *Werke. Zweiter Band: Schriften zur Bibel.* München, Heidelberg 1964.

Erich Fromm, *You Shall Be As Gods.* A Fawcett Premier Book, Fawcett Publications Inc, Greenwich, Conn 1966.

Moshe Greenberg, ›The Tradition Critically Examined‹ in *The Ten Commandments in History and Tradition.* Ed. Ben-Zion Segal. English Version Ed. Gershon Levi, The Magnes Press of the Hebrew University, Jerusalem 1985.

Arthur Miller, *Timebends: A Life.* Methuen Paperback, London 1987.

Judentum und Weltethos

Es ist nicht weiter schwer, anhand der Quellen des Judentums, insbesondere des Talmud, zu beweisen, dass eine bestimmte Meinung zu einem vorgegebenen Thema »authentisch« jüdisch ist. Doch genauso gut lässt sich diese Feststellung von der gegenteiligen Meinung treffen. Dies ist nicht weiter überraschend, denn schließlich gehört es zur Natur einer »offenbarten« Religion. Sobald das Wort Gottes vorliegt, d.h. in einer Sammlung heiliger Schriften kanonisiert und damit »für alle Ewigkeit« festgeschrieben, verlangt es nach Interpretation. Und der Mensch entwickelt einen nahezu unbegrenzten Erfindungsreichtum, wenn es darum geht, ein scheinbar in sich geschlossenes Glaubenssystem zu schaffen, um dann wieder Mittel und Wege zu suchen, es zu öffnen. Anscheinend stellt allein schon die Tatsache, dass ein festgelegter heiliger Text vorliegt, für jede Generation eine Herausforderung dar, ihn immer wieder neu zu verstehen. Wie die Rabbis es ausdrückten, hat die Thora, die Lehre Gottes, siebzig verschiedene Antlitze, womit sie die unbegrenzte Anzahl möglicher Interpretationen meinten. Dabei wird die Richtung, die eine Generation in ihrer Interpretation einschlägt, von ihren konkreten Lebensbedingungen beeinflusst, und das, was sich daran von früheren unterscheidet, weist den Weg für die Zukunft. Vielleicht ist dies das eigentliche Kennzeichen eines Schrifttums – dass wir es nie unbeachtet lassen oder wörtlich nehmen können. Vielmehr verlangt es von jenen, denen es gegeben wurde, dass sie es ansehen, hinterfragen, auf die Probe stellen, neu interpretieren, um es dann auf die veränderten Gegebenheiten der Zeit in revidierter Form anzuwenden.

Die Ambivalenz des Universalismus

Unsere Zeit findet ihren Ausdruck in der Frage nach einem Weltethos. Unsere konkrete Weltsicht verlangt von den einzelnen Religionen, dass sie in ihrem überreichen Fundus nach Lehren suchen, die gegenseitiges Verständnis, Solidarität und Großzügigkeit des Geistes im Umgang miteinander ermutigen. Diese dem Schein nach »selbstverständliche« Toleranz war nicht immer gegeben. Vielmehr ist genau jenes religiöse Momentum, das für den interkonfessionellen Dialog eintritt, von einer neuen Politisierung der Religionen begleitet, von interreligiösen Konflikten und der Sanktionierung von Gewalt, von Hexenjagden und einem Genozid ungekannten Ausmaßes. Die ermutigende Vorstellung, dass wir alle »auf einer Erde leben«, und das daraus resultierende Bedürfnis, einen Weg gegenseitigen Verständnisses und einer gerechten Aufteilung der Güter zu finden, scheint von einer schrecklichen Erkenntnis begleitet zu sein: Wenn wir tatsächlich miteinander »auf einer Erde leben«, ist alles bedroht, was unsere Individualität und Einzigartigkeit ausmacht, was durch Zugehörigkeit zu Stamm, Nation, Volk oder Religion die Besonderheit unserer Lebensweise prägt. Offenbar verlangt jeder Ausdruck universeller Bestrebungen nach dem Gegenteil, nämlich der Rückversicherung, dass wir eine eigene Identität haben – eine Identität, die durch die Rückkehr zu den »Wurzeln«, zu der alten Religion, wie wir sie in Erinnerung haben, uns vorstellen oder wieder neu erfinden, gestärkt werden soll. So ist die Forderung nach einer Begegnung der einzelnen Religionen, die sich auf die Quellen und das Material unserer unterschiedlichen Traditionen stützt, tatsächlich nur die Begleiterscheinung eines weltweiten Wiedererwachens der Religiosität, das in gewisser Hinsicht ebenso viele Probleme heraufbeschwört, wie es Möglichkeiten eröffnet und Hoffnungen weckt.

Wenn wir uns also auf die Suche nach Formulierungen machen, in denen sich der Universalismus unseres Glaubens ausdrückt, dürfen wir das, was wir finden, nicht sentimentalisieren. Ebensowenig dürfen wir leugnen, dass sich darin eine eigene dunkle Seite verbirgt. Denn dies ist fast zwangsläufig der Fall. Eine Religion ist immer darum bemüht, alle Aspekte des Lebens und Handelns der Menschen anzusprechen, um sie zu »versöhnen« und um sie Gott, ihrem Ursprung, wieder zuzuführen. Doch die Erforschung unserer komplexen menschlichen Natur birgt implizite Fallstricke. Bei einem anderen Anlass drückte es mein Kollege Lionel Blue so aus: Der Versuch der Religion, die Welt religiös zu machen, endete allzu häufig damit, dass sie selbst weltlich wurde. Der Glauben und die vollendete Form des religiösen Ausdrucks bergen ihr eigenes Risiko. Wir neigen zu der Auffassung, dass sich in unserer Tradition irgendwo ein reines religiöses Ideal verbirgt, welches vollkommen und makellos ist – und dass alles Vergeben und Unrecht, das im Namen unserer Tradition begangen wurde, auf Zufälligkeiten und dem Irren, der Schwäche oder der Bösartigkeit des Menschen beruht. Vielleicht gibt es tatsächlich eine Ebene, wo diese reine Religion existiert, doch sie ist höher als die Ebene religiösen Handelns, auf der wir uns bewegen. Innerhalb der »abrahamischen» Glaubensrichtungen kann aus Monotheismus leicht Monolatrie, aus Gehorsam Unterwürfigkeit und aus Begeisterung Fanatismus werden. Aus diesem Grunde müssen wir nicht nur den Inhalt von »Werten« und »Wahrheiten« der Religion, der wir angehören, hinterfragen, wir müssen auch prüfen, welchen Stellenwert Selbstkritik, Selbstläuterung und Bußfertigkeit, also *teshuwah*, haben und inwieweit sie zum Tragen kommen. Religiöse Begriffe sind in der Regel lebensbejahend, tolerant und von Großmut geprägt – doch wie stellen wir sicher, dass sie auch Realität werden? All dies zur Einleitung eines jüdischen Beitrags zur Forderung nach einem Weltethos.

Biblische Grundlagen eines Weltethos

Wie ich zu Beginn schon ausführte, können wir im Judentum sowohl die Tendenz ausmachen, solche allgemeingültigen Prinzipien aufzuspüren, wie auch ein ähnlich starkes Bestreben, diese mit Vorsicht zu betrachten. In ihren frühen Debatten zur Bedeutung der Zehn Gebote haben sich die Rabbinen bemüht, ihnen keinen zu hohen Stellenwert einzuräumen, denn sie fürchteten, sie könnten als eine Art »Essenz« des Judentums angesehen werden. Vielmehr betonten sie immer wieder, die Thora in ihrer Gesamtheit repräsentiere das Wort Gottes. Dabei war unerheblich, ob diese »Gesetze« nun unmittelbare Gültigkeit besaßen oder sich scheinbar einer Interpretation entzogen – dies änderte nichts an ihrem Gewicht und der Tatsache, dass sie befolgt werden mussten. Wer sind wir, dass wir bestimmen, welche Bedeutung Gott ihnen beimaß? (Obwohl sich mit der Praxis auch Vernunft und Pragmatismus durchsetzen konnten.) Nichtsdestotrotz bleiben die Zehn Gebote der zentrale Ausdruck eines universellen jüdischen Ethos. Darüber hinaus bestand aber auch immer die Tendenz, nach anderen, noch grundlegenderen Leitlinien zu suchen.

Dies zeigt sich in der folgenden Passage des Talmud: »Rabbi Simlai hat uns gelehrt: Moses wurden sechshundertdreizehn Gebote übergeben. Dann beschränkte König David sie auf elf, und zwar in Psalm 15. Der Prophet Micha beschränkte sie auf drei (Mich 6,8). Dann kam der Prophet Jesaja und beschränkte sie auf zwei (Jes 56,1). Der Prophet Amos beschränkte sie auf eines (Am 5,4). Habakuk faßte sie gleichfalls in einem Satz. Und Rabbi Akiba hat gelehrt: ›Das Grundprinzip der Tora kommt zum Ausdruck in dem Gebot: Liebe deinen Nächsten wie dich selbst; ich bin der Ewige‹ (Lev 19,18). Aber Ben Azai hat ein noch größeres Prinzip gelehrt: ›Das ist die Liste der Geschlechterfolge nach Adam: am Tag, da Gott den Menschen schuf, machte er ihn Gott ähnlich‹« (Gen 5,1; vgl. Makkor 23b-24a; Genesis Rabbah, Bereshit 24,7; Sifra 89b).

In dieser letzten Auseinandersetzung zwischen Rabbi Akiba und Ben Azai, die mehr als einmal aufgezeichnet wurde, drückt sich ein zentrales religiöses Thema aus. Worin unterscheiden sich die beiden Sätze? Der Vers aus dem Leviticus begründet unsere Verpflichtung gegenüber unseren Mitmenschen dadurch, dass sie uns »ähnlich« sind, obwohl sich diese Wendung nur schwer verstehen lässt. Allerdings ist der »Nachbar« im Kontext des Leviticus einengend als Landsmann aus dem Volk Israel definiert. (Im gleichen Kapitel, Vers 34, ist jedoch auch von einer breiteren Verpflichtung die Rede. Ein ergänzender Vers fordert, dass wir den »Fremdling« lieben, den »bei uns lebenden Fremden«, den *ger*, »wie uns selbst«.) Im Gegensatz dazu stuft die Genesis jeden Menschen in die Kategorie der Wesen ein, die nach dem Bild Gottes geschaffen und daher nicht nur »ähnlich«, sondern auch mit dem Eindruck des Schöpfers versehen sind. Die zwei in der Passage dargestellten Verse verdeutlichen gemeinsam, dass die gesamte Menschheit auf eine Stufe gestellt wird und dass wir zu gegenseitiger Unterstützung, Anteilnahme und Verantwortlichkeit verpflichtet sind.

Ein weiterer Versuch, die »Thora als Ganzes« in einer einzigen Lehre zusammenzufassen, geht auf Rabbi Akiba zurück (Avot d'Rabbi Natan XXVI 27a – Edition Schechter). Dabei handelte es sich um die gleiche Formulierung der »Goldenen Regel«, wie man sie zuvor schon Hillel zugeschrieben hat. Interessanterweise gibt Hillel die Antwort einem Heiden, der darum gebeten hat, die »Essenz« des Judentums kennen zu lernen. Diese Geschichte ist aufschlussreich. Sie handelt von einem Nichtjuden, der vor Schammai (dessen Schule mit der Hillels um den höchsten Ruhm wetteiferte) trat und zu ihm sprach: »Mache mich zum Proselyten unter der Bedingung, daß du mich die ganze Thora lehrst, während ich auf einem Bein stehe.« Da stieß ihn Schammai fort mit der Elle, die er in der Hand hatte. Darauf kam der Nichtjude zu Hillel (der für seine Geduld bekannt war), und dieser machte ihn zum Proselyten und sprach zu ihm: »Was dir nicht lieb ist, das tue auch deinem Nächsten nicht. Das ist die ganze Thora, und alles andere ist nur die Erläuterung; geh und lerne sie« (Sabbat 31a).

Das hier Angefügte verdeutlicht den breiten Universalismus, der die jüdischen Lehren bestimmt und der sich letztlich bis in die einleitenden Kapitel der Genesis zurückverfolgen lässt. Abgesehen von der Zusicherung, dass alle Menschen gleich sind, hoben die Rabbis hervor, dass gewisse grundlegende Verantwortlichkeiten zur menschlichen Natur gehören. Diese wurden ausgedrückt in dem Konzept der sieben noachidischen Gebote: allgemein verbindliche Vorschriften, die Noah nach der Flut und durch seine Söhne der ganzen Menschheit übergeben wurden. Dazu gehört das Verbot der Götzenanbetung, der Blasphemie, des Blutvergießens, der Unzucht, des Diebstahls, des Verzehrs eines lebenden Tieres sowie das positive Gebot, ein Rechtssystem zu schaffen (Tosefta Avodah Zarah 8,4; Synhedrin 56a).

Diese sieben Gebote stellen den jüdischen Beitrag zur Weltethos-Problematik dar und könnten bei der Suche nach universell gültigen Werten, die unter all den verschiedenen Glaubensgemeinschaften Zustimmung finden, als möglicher Ausgangspunkt dienen. Natürlich werden sich bei der Definition des Begriffs Götzenanbetung Probleme ergeben, besonders angesichts seiner strengen Auslegung durch die monotheistischen Religionen. Besondere Wichtigkeit kommt der Forderung nach Gerichtshöfen zu, die die Aufgabe haben, Gerechtigkeit für alle zu sichern, selbst wenn die einzelnen Gesellschaften unterschiedliche Vorstellungen haben, woraus sich die »Menschenrechte« letztlich zusammensetzen. Allerdings fehlt in der Liste der sieben Forderungen jeder Hinweis auf die Frage, wie sich die einzelnen Gesellschaften über ihre jeweiligen Grenzen hinweg begegnen sollen – seien diese »Gesellschaften« nun eine nationale, ethnische, religiöse oder anders geartete Gruppe. Wo ist die ethische Forderung nach dem Aufbau konstruktiver Beziehungen zu anderen?

Um des Friedens willen

Aber dazu finden wir an anderer Stelle ein rabbinitisches Konzept: *mipnei darkei shalom,* »um des Friedens willen«. Diese Redewendung taucht in der Mishna (Gittin 5,8) in einer Reihe von Bestimmungen auf, die darauf abzielen, überflüssige Konflikte innerhalb Israels zu vermeiden. Die letzte dieser Sequenzen befasst sich sogar mit den Ernteerzeugnissen, die für die Armen zurückgelassen werden sollen – einzelne Getreidehalme (die Nachlese) und eine Ackerecke, *pea* (Lev 19,9), sowie die beim Einbringen vergessene Garbe (Dtn 24,19): »Man verwehre den nichtjüdischen Armen nicht (das Einsammeln von) Nachlese, Vergessenem und Eckenlaß, um des Friedens willen.« Kurz darauf führt der Talmud aus: »Man ernähre die Armen der Nichtjuden mit den Armen Israels, man besuche die Kranken der Nichtjuden mit den Kranken Israels, und man begrabe die Toten der Nichtjuden mit den Toten Israels, um des Friedens willen« (Gittin 61a). In einer anderen Version heißt es: »In einer Stadt, wo Juden und Heiden leben, soll der Almosensammler von beiden, von Juden und von Heiden, sammeln: sie sollen die Armen beider füttern, die Kranken beider besuchen, die Toten beider bestatten, die Trauernden beider trösten, seien sie Juden oder Heiden, und sie sollen die verlorenen Güter beider ersetzen – um des Friedens willen« (Jerusalemer Talmud, Traktat Demai 4,6).

Dieser Gedanke lässt sich wohl auf Jeremias Brief an die Gefangenen in Babylon zurückverfolgen, in dem er sie ermutigt: »Suchet das Wohl des Landes, in das ich euch verbannt habe, und betet für es zum Herrn; denn sein Wohl ist auch euer Wohl« (Jer 29,7). Oberflächlich betrachtet könnte man Jeremias Aufforderung lediglich als »aufgeklärtes Eigeninteresse« interpretieren. Doch die Bedeutung von pragmatischen Beweggründen ist bei der Entwicklung einer Ausgangsbasis, einer vernünftigen Voraussetzung für die menschliche Interaktion, nicht zu unterschätzen. Ein Miteinander auf dieser Grundlage findet seinen Lohn in gegenseitiger Achtung und der letztlich daraus entstehenden Wertschätzung. Von daher hat ein Ethos, das die Beziehungen zu »anderen« auf dem Prinzip »um des Friedens willen« formuliert, langfristig einen hohen Wert und große Bedeutung. Hinter seinem augenscheinlichen »Pragmatismus« verbirgt sich sogar ein grundlegender religiöser Wert.

Die »Erklärung zum Weltethos« hat einen Prozess eingeleitet, der jede unserer Glaubensgemeinschaften herausfordert, nach ähnlichen Lehren in diesem konkreten Bereich zu forschen. Inwieweit beeinflusst das Prinzip, sich »um des Friedens willen« mit anderen zu arrangieren, die in unserer eigenen Tradition üblichen Verhaltensweisen, Praktiken oder Begrifflichkeiten? Es ist kein Zufall, daß es in Israel in Erscheinung trat, als das Volk relativ machtlos und die Anpassung an eine größere Macht lebensnotwendig geworden war. Derartige Überlegungen erscheinen weniger wichtig oder dringlich, wenn eine Glaubensgemeinschaft über ein gewisses Ausmaß von Macht verfügt, und paradoxerweise auch, wenn sie das Gefühl hat, ihre Macht sei bedroht. Doch gerade die Erkenntnis, dass wir alle verletzlich sind und immer wieder Macht und Autorität auf allen Ebenen überprüfen müssen, ist die Aufgabe, vor die wir mit dem »Weltethos« gestellt sind.

Die letzte Überlegung führt uns zurück zu dem Paradox, das ich eingangs erwähnt habe: dass die Forderung nach einem Weltethos gerade in dem Augenblick laut wird, in dem sich die Menschen von einer gewaltigen Energie in die entgegengesetzte Richtung gedrängt fühlen, nämlich zu einer Ghettoisierung ihrer konkreten Glaubensgemeinschaft, die oft von Feindseligkeit gegenüber anderen begleitet ist. Alle, die sich schon einmal in einem »Dialog« jedweder Art engagiert haben, wissen, dass dieser Prozess in zwei Richtungen verläuft. Durch das Zugehen auf die »anderen« laufen wir Gefahr, den Kontakt zu unserer eigenen Gemeinschaft zu verlieren. Da die Vertreter eines anderen Glaubens ein ähnlich starkes Interesse an einem Dialog haben wie wir, ist es gewöhnlich sogar leichter, sich mit ihnen auseinanderzusetzen als mit unseren Glaubensbrüdern. Weitaus schwerer wird der Dialog hingegen, wenn wir nach Hause zurückkehren und versuchen, jene zu überzeugen, die nicht die gleichen Erfahrungen gemacht haben wie wir, die daher nicht wissen, was Dialog bedeutet und warum er wichtig ist. Ja, schwer wird es, wenn wir den Daheimgebliebenen versichern wollen, dass wir sie nicht hintergangen haben.

Der Erfolg dieser neuen Initiative wird davon abhängen, in welchem Ausmaß wir uns auf den Dialog mit »denen daheim« einlassen und inwieweit wir uns gegenseitig bei dieser Aufgabe helfen können. Wir sind an dem Punkt angelangt, wo Formulierungen in ein neues Selbstverständnis übersetzt und auf intellektueller, emotionaler und geistiger Ebene eine Veränderung eingeleitet werden muss. Dies kann nur gelingen, wenn sich zunächst jene verändern, die am Dialog beteiligt sind, denn bei dieser Aufgabe ist der Vermittler die Botschaft. Nur das engagierte Individuum kann die Widersprüche in den unterschiedlichen Vorstellungen unserer Traditionen und den Konflikt zwischen dem Besonderen und dem Universellen aufzeigen und in gewisser Hinsicht auflösen. Darüber hinaus kann es sich auch der tiefen Angst vor Machtlosigkeit, Entfremdung und der Auflösung alter Strukturen stellen, die die Schattenseiten unseres »Welt-Dorfs« sind.

Ein jüdischer Beitrag wäre unvollständig ohne eine jüdische Geschichte: Ein Mann schickte seinen Sohn auf die *yeshiva*, die Talmudschule, wo er sieben Jahre lang den Talmud studieren sollte. Bei seiner Rückkehr empfing ihn der Vater, indem er ihn in sein Arbeitszimmer rief und fragte, was er gelernt habe. Der Sohn antwortete: »Ich habe gelernt, dass die größte Lehre lautet: ›Du sollst deinen Nächsten lieben wie dich selbst.‹« »Aber das hast du doch schon gewusst, bevor du fortgegangen bist«, wandte der Vater ein. »Du hast doch nicht etwa sieben Jahre des Studiums gebraucht, um das herauszufinden!« »Der Unterschied«, erwiderte der Sohn, »ist der: Jetzt weiß ich, dass es heißt: ›Ich muss meinen Nächsten lieben wie mich selbst.‹«

An die Adresse der Christen

Jesus eint – Jesus scheidet: Jesus in jüdischer Sicht

Ich möchte mit zwei Anekdoten beginnen. Als ich diesen Text vorbereitete, erhielt ich einen Anruf von einem Verleger. Sie seien dabei, ein bedeutendes Buch über die Weltreligionen zu veröffentlichen – einen populären Führer für Menschen, die an interreligiösem Dialog interessiert sind. Sie hätten ein kleines Problem mit dem jüdischen Symbol, das sie auf dem Umschlag benutzen wollten, und wären dankbar, wenn ich einen Blick auf den Entwurf werfen würde, um sicherzustellen, dass er ein jüdisches Publikum nicht kränken würde. Ich stimmte zu und wartete auf das Fax. Als es kam, war ich sehr erstaunt zu sehen, dass das ganze Motiv von einem kunstvollen christlich-orthodoxen Kreuz, das über die gesamte Seite ging und sie somit in Viertel aufteilte, dominiert wurde. Das Ergebnis war, dass die jüdischen, islamischen, hinduistischen, buddhistischen und andere religiöse Symbole um das Kreuz herum angeordnet waren, aber nur ein Achtel von dessen Größe hatten. Die Botschaft war eindeutig. Was auch immer der Titel und der Inhalt des Buches über das Verständnis der Weltreligionen zu sagen hatten, der Buchumschlag sagte eindeutig, dass das Christentum die zentrale und dominierende Religion der Welt ist. Die anderen Religionen spielen nur eine Nebenrolle und sind vielleicht von einiger Bedeutung für Christen, aber weiter nicht. Ich war erleichtert, als ich erfuhr, dass der Autor des Buches ähnliche Probleme hatte, aber der Verleger auf dieser Form des Buchumschlages bestand. Es wurde angenommen, dass das Buch auf diesem Wege ein größeres Publikum unter den amerikanischen christlichen Fundamentalisten ansprechen würde, obwohl darauf hingewiesen wurde, dass dies genau die Leute sind, die am wenigsten an anderen Religionen interessiert sind. Ich äußerte meine Bedenken, weiß aber bis jetzt nicht, ob das Umschlagdesign geändert wurde.

Die andere Anekdote geht ein paar Jahre zurück zu einer der jüdisch-christlichen Bibelwochen, die ich seit dreißig Jahren mitorganisiere. Es war eines der Jubiläen, vielleicht das zwanzigste, und ich habe über die Bedeutung der Bibelwoche gesprochen und darüber, wie wahrer interreligiöser Dialog uns in unserem Engagement in unserer eigenen Religion bestärkt. Hinterher sagte eine ältere Dame, wie enttäuschend es ist, dass ich, nachdem ich zwanzig Jahre an dieser katholischen Einrichtung gearbeitet habe, immer noch nicht überzeugt worden bin, ein Christ zu werden.

Diese Beispiele sind nur zwei von vielen. In keinem der beiden Fälle kann man den betreffenden Personen schlechte Gefühle gegenüber Juden, Judentum oder irgendeiner anderen Religion unterstellen. Beide haben nur aus ihrer christlichen Überzeugung heraus gesprochen und gehandelt. Das Christentum ist in seiner Wahrnehmung die bedeutendste der Weltreligionen und vor allem die Religion des Westens, und es sollte selbstverständlich sein, dass jeder und jede dies anerkennen und schlussendlich das Christentum für sich selbst akzeptieren sollte.

Obwohl hinter diesen Bemerkungen keine böse Absicht lag, deuten sie doch auf die grundlegenden Probleme hin, die Juden haben, wenn sie mit dem Christentum und mit der Figur Jesu konfrontiert werden.

Das erste Beispiel weist auf die einfache Tatsache des numerischen Ungleichgewichts zwischen Juden und Christen hin. Wenn es zum Dialog zwischen zwei Gruppen kommt, muss ein Weg gefunden werden, wie sie sich auf gleicher Grundlage begegnen können (vgl. Über das Risiko im religiösen Dialog, S. 23-30). Der Machtunterschied ist entscheidend, wenn Repräsentanten einer Mehrheit auf Repräsentanten einer Minderheit treffen. Die kleinere Gruppe fühlt sich im Nachteil, möglicherweise bedroht und sicherlich nicht in der Lage, auch nur in einer der hart erkämpften Freiheiten nachzugeben. Die größere Gruppe ist oft völlig unempfindlich gegenüber den Problemen, Wahrnehmungen oder Bedenken der Minderheit. Sie kann ihre Machtposition als gegeben hinnehmen und die Bereitschaft, sich mit der Minderheit zusammenzusetzen, als einen Akt der Großmut ansehen, den die anderen desto mehr schätzen sollten.

Solange beide Seiten das Ausmaß, in dem der Machtunterschied ihr Zusammentreffen beeinflusst, nicht erkennen, ist es sehr schwer, einen Schritt weiter zu gehen. Selbst wenn wir die Jahrhunderte alte Geschichte des christlichen Antijudaismus beiseite lassen, ist es für Juden sehr schwer, positiv über ihre Beziehung mit dem Christentum nachzudenken, eben weil Juden die Erfahrung haben, in der Minderheit und darüber hinaus in einer immer noch weiter schrumpfenden Minderheit zu sein.

Allerdings muss auch gesagt werden, dass es seit dem Krieg und vor allem seit dem Zweiten Vatikanum zu großen Veränderungen in der offiziellen Haltung der christlichen Kirchen gegenüber Juden und dem Judentum gekommen ist. Es ist viel unternommen worden, um jüdische Ängste und jüdisches Misstrauen zu zerstreuen, die Kirchen zum Umdenken zu bewegen und zu einem neuen Verständnis des Judentums zu kommen. Aber es dauert seine Zeit, bis diese Veränderungen bis zu den Wurzeln und bis zum »Durchschnittsjuden« durchdringen.

Die zweite Anekdote spiegelt genau die Vorstellungen wider, die Juden über christliche Absichten haben. Das Christentum wird von den Juden als eine missionarische Religion angesehen, deren Ziel es ist, vor allem Juden zu konvertieren. Wie ich es verstehe, ist dies eine Meinung, die von vielen Kirchen bekräftigt, von anderen aber modifiziert oder ganz beiseite gelassen wird. Hier treffen wir wieder auf eine Art von Ungleichgewicht. Es gab eine Zeit, in der das Judentum eine missionarische Religion war und vielleicht sogar im Wettstreit mit dem Christentum lag in dem Anliegen, das Römische Reich für sich zu gewinnen. Aber dies ist schon lange nicht mehr der Fall. Zum großen Teil lag dies nicht einmal in der Entscheidungsfreiheit der jüdischen Gemeinden.

Zu verschiedenen Zeiten unter christlicher und islamischer Herrschaft war es sogar lebensgefährlich, zum Judentum überzutreten oder Menschen auf ihrem Weg zum Übertritt zu helfen. So haben wir gelernt, aus der Notwendigkeit eine Tugend zu machen. In manchen jüdischen Kreisen haben wir es sogar extrem schwierig gemacht Konvertiten anzuerkennen. Es gibt heutzutage vor allem in der amerikanischen Reformbewegung auch Stimmen, die auf dem Hintergrund immer kleiner werdender Zahlen durch den Holocaust und durch einen Rückgang der jüdischen Bevölkerung eine so große Bedrohung für unser Überleben sehen, dass sie eine groß angelegte Missionierungskampagne befürworten. Aber wie auch immer, die Frage der Missionierung bleibt einer der grundlegenden Unterschiede zwischen Juden- und Christentum und wirft für Juden ernste Fragen über die Motive der Christen auf, mit denen sie zusammentreffen.

Unter diesen Umständen werden Juden, die etwas Positives über Jesus sagen, oft mit erheblichen Verdächtigungen von anderen Juden konfrontiert. Sind wir verraten worden? Ist dies einer der ersten Schritte zu einem Übertritt? Ich brauche kaum hinzuzufügen, dass einer der schwersten Vorwürfe, den orthodoxe Juden Reformjuden machen, der ist, dass sie eigentlich schon zu einer völlig anderen Religion gehören und auf dem Wege sind Christen zu werden. Dass dies eine schwerwiegende Beleidigung darstellt und sehr schmerzen kann, ist ein weiterer Beweis dafür, wie das Christentum in bestimmten jüdischen Kreisen wahrgenommen wird.

Eben deshalb gibt es keinen bequemen Weg, sich zu diesem Thema zu äußern. Wenn man die beiden Titel dieses Textes auf eine Waage legen könnte, gibt es für mich keinen Zweifel, dass die Waagschale mit dem Titel »Jesus scheidet« das schwerere Gewicht tragen würde. Ja, es ist für Christen und Juden möglich sich zu treffen, viele Werte zu teilen, zusammen Verantwortung für verschiedene Aspekte in unserer Gesellschaft zu übernehmen und sogar religiöse Dinge in einiger Tiefe zu diskutieren, aber in dem Moment, in dem die Figur Jesu ernstlich ins Gespräch kommt, tauchen unweigerlich eine ganze Reihe sensibler Fragen auf. Die Tatsache, dass Jesus ein Jude war, stellt theoretisch einen Anlass zur Übereinstimmung dar. Ich kann mir auch vorstellen, dass dieser Punkt aus christlicher – wenn auch naiver – Perspektive angeführt wird. Aber zuviel Geschichte, zuviel Schmerz, zu viele Missverständnisse und bis heute zu viele Verletzungen geraten in den Weg, wenn wir die Situation mit allen mit ihr verbundenen Implikationen in einer real existierenden jüdischen Umgebung durchspielen.

Wenn Juden überhaupt irgendeine Wahrnehmung von Jesus haben, dann ist es überraschenderweise einfach die eines weiteren jüdischen Märtyrers, der nur einer der vielen anonymen Juden war, die von den römischen Unterdrückern gekreuzigt wurden. In dieser Hinsicht würde er Seite an Seite mit den im Talmud aufgelisteten Persönlichkeiten stehen, die für ihren Glauben gemartert worden und gestorben sind, unter ihnen vor allem Rabbi Akiva. Zudem ist es eines der Paradoxe des zwanzigsten Jahrhunderts, dass Künstler wie Chagall und Schriftsteller wie Elie Wiesel das Symbol der Kreuzigung benutzen, wenn sie ihr Entsetzen über das Schicksal der Juden in den Händen der Nazis auszudrücken versuchen. Es scheint uns an jüdischen Darstellungen für Leiden und Märtyrertum zu fehlen, und so wenden wir uns stattdessen zu diesem ausdrucksstarken Bildnis.

Tatsächlich ist die Frage, wer Jesus war oder gewesen sein mag, nur für sehr wenige Juden von Interesse. Oder, um noch genauer zu sein, für die meisten Juden hat Jesus so gut wie keine Bedeutung. Aber wenn sie gedrängt werden, werden sich Juden auf dem Hintergrund der schlechten Behandlung durch Christen in den letzten zwei Jahrtausenden negativ über die Figur Jesu äußern. Im Namen Jesu wurden Juden verfolgt, betrogen, ausgebeutet, gefoltert, zum Übertritt gezwungen und getötet. Die Diskussion über die Rolle der Kirchen in der Nazizeit dauert an, aber es gibt kaum Zweifel daran, dass zweitausend Jahre christlicher antijudaistischer Lehre eine Grundlage aus Vorurteilen geschaffen hat, die half, den Holocaust zu ermöglichen. Dabei soll nicht ungesagt bleiben, dass es immer einige wenige Christen gab, mit denen eine positivere Beziehung bestanden hat, aber die Norm und sicherlich die Wahrnehmung der Norm ist eine sehr negative. Ich muss nicht weiter als bis zu meinem Vater zurückgehen, der mir erzählte, dass es in seinem Heimatort Glace Bay in Nova Scotia nicht sicher war, an Ostern auf die Straße zu gehen, weil man den Juden »Christenmörder« hinterherschrie und mit Steinen nach ihnen warf. Hinter der Geschichte und den Verbrechen, die in Jesu Namen an den Juden begangen worden sind, geht die Person des Jesus von Nazareth völlig verloren.

Die Wurzeln dafür reichen zurück bis zu den Anfängen des Christentums, die voll mit Konflikten antijudaistischer Polemik sind. Was auch immer die Evangelien als die zentralen Texte des christlichen Selbstverständnisses darstellen und wie auch immer sie historisch entstanden sein mögen, scheinen sie in ihrer Endform an die heidnische Welt gerichtet zu sein. Um diese Zuhörerschaft zu erreichen, müssen sie einen zentralen Aspekt ihrer Anfänge, nämlich ihre Verwurzelung in der jüdischen Tradition, in Kultur und Leben des Palästina des ersten Jahrhunderts aufgeben.

Wenn wir einmal das so tief verwurzelte jüdische Misstrauen gegenüber dem Christentum beiseite lassen, dann können wir eine Anzahl verschiedener Vorstellungen von Jesus in der jüdischen Welt unterscheiden. Unter jenen, die sich um ein Verständnis von Jesus bemüht haben, sollten wir diejenigen, die sich Jesus und durch ihn dem Christentum als Teil ihres religiösen Weges genähert haben, ausgrenzen. Nach der Emanzipation war das Christentum für viele der einzige Weg, auf dem es möglich war, vollständig in die neue Gesellschaft einzutreten. Persönlichkeiten wie Heinrich Heine und Benjamin Disraeli kommen einem in den Sinn. Aber es gab auch andere, für die es eine sehr viel persönlichere spirituelle Suche war, unabhängig davon, ob sie schließlich übertraten, wie Edith Stein, oder sich in letzter Minute anders entschieden und ihr Judentum neu entdeckten, wie Franz Rosenzweig, oder irgendwie zwischen den beiden Religionen hin und her trieben, wie Simone Weill.

Die Wirksamkeit des Reizes des Jesus von Nazareth ist eindeutig, und es muss hier gesagt werden, dass es Elemente in der christlichen Spiritualität gibt, die sehr anziehend sind, eben weil sie im traditionellen Judentum nicht so ohne weiteres präsent sind. Oder besser gesagt, jüdische Spiritualität basiert zum größten Teil auf einem Wissens- und Erfahrungsschatz, der für Juden heutzutage nicht immer zugänglich ist, und so werden direktere Arten spiritueller Erfahrungen anderswo gesucht. Da das Christentum für viele junge Juden ein Tabu darstellt, sind die östlichen Traditionen in dieses Vakuum getreten und bieten Wege an, um diesen Hunger zu stillen. Nichtsdestoweniger hat seit der Aufklärung die Anziehungskraft bestimmter Aspekte christlichen Lebens zusammen mit einem negativen jüdischen Selbstverständnis dazu geführt, dass eine Reihe von Juden zum Christentum übertraten.

Heutzutage gibt es eine Variante dieses Themas durch diejenigen, die glauben, dass es möglich ist, eine Verbindung zwischen der jüdischen Tradition und Jesus herzustellen – Gruppen, die sich »Jews for Jesus« oder »Hebrew Christians« nennen. Diese Gruppen tendieren dazu, sehr missionarisch in ihrem Versuch zu sein, andere Juden in ihre Reihen zu bringen. Dies verstärkt die Ablehnung, die sie aus jüdischen Kreisen erfahren, die das Gefühl haben, dass sie illegitim in den Gemeinden auf der Jagd nach neuen Mitgliedern sind. Seltsamerweise scheinen sie auch einen unsicheren Stand im Christentum einzunehmen. Soweit ich es verstehe, liegt dies teilweise daran, dass sie, weil jüdischer Herkunft, manchmal darauf bestehen, näher an den Wurzeln des Christentums und somit authentischer zu sein. Wenn sie aus diesen Gründen von den christlichen Gemeinden an den Rand gedrängt werden, erfahren sie ironischerweise ein typisch jüdisches Schicksal. Da sie aber im Grunde die jüdische Welt, wie sie sich selbst definiert, verlassen haben, will ich sie, was immer sie auch für sich selbst in Anspruch nehmen, aus dieser Diskussion ausschließen.

Unter jenen, die sich um eine eher wissenschaftliche oder theologische Annäherung an die Person Jesu bemüht haben, lassen sich unterschiedliche Ansätze finden. Vor allem im letzten Jahrhundert haben einige Leute die Notwendigkeit gesehen, die christlichen Abspaltungsansprüche mit allen ihren Konsequenzen zu widerlegen und das Christentum auf eigenem Terrain, das heißt durch akademische Studien der geschichtlichen Quellen, anzugreifen. Manchmal glaubten sie, sie seien rein objektiv in ihrer Analyse, und nahmen ihre eigenen Voreingenommenheiten nicht wahr. Andere suchten Jesus entweder als jüdischen Lehrer wiederzugewinnen oder ihn wenigstens innerhalb des breiten Spektrums der jüdischen Welt zur Zeit Jesu zu lokalisieren, was bedeutete, die Evangelien durch den Blickwinkel zeitgenössischer jüdischer Dokumentation zu lesen.

Es wurde behauptet, dass sie, wie andere, die an ähnlichen Projekten arbeiteten, dazu neigten, Jesus nach ihren eigenen Vorstellungen neu zu definieren. So erscheint er einmal als revolutionäre, politische Figur oder als unbedeutender, liberaler Jude oder als ein etwas unkonventioneller, aber nichtsdestotrotz erkennbarer pharisäischer Lehrer.

Hier in Deutschland scheint es angebracht, ein Beispiel aus den Reihen des deutschen Judentums anzuführen, und wer wäre dazu besser geeignet als Rabbiner Leo Baeck. Er schrieb eine Reihe von Aufsätzen über das frühe Christentum und sein Entstehen aus der jüdischen Welt. In dem gefeierten Aufsatz »Das Evangelium als Urkunde zur jüdischen Glaubensgeschichte« analysiert Baeck die Berichte über das Leben Jesu in den Evangelien, versucht die verschiedenen redaktionellen Schichten, die in die Endversionen eingeflossen sind, zu identifizieren und zu dem, was er als den jüdischen Kern des Evangeliums betrachtete, zurückzugehen. Seine Methode, der viele andere folgten, bestand hauptsächlich darin, davon auszugehen, dass alles, was man als antijudaistisch auffassen könnte, zu einer späteren Schicht gehören musste, deren Ziel es war, Jesus für die heidnische Welt zugänglich zu machen. In einer kurzen Biographie über Leo

Baeck, die wenige Monate nach seinem Tod erschien, schreibt Dr. H.I. Bach[2], dass Baeck seine Ausgeglichenheit in den Jahren 1933-1938, in denen er ein effektiver Leiter des deutschen Judentums war, behielt, indem er die gesamten Evangelien dreimal vom Griechischen ins Hebräische übersetzte, um die ältesten, von hebräisch sprechenden Juden einschließlich Jesus stammenden Teile aus den späteren Zusätzen und Verschmelzungen herauszusieben. Er schaffte es sogar, gegen den Widerstand der Nazis und deren Zensur ein kleines Büchlein mit dem Titel »Die Evangelien als ein Dokument der Geschichte des jüdischen Glaubens« zu veröffentlichen. In diesem Aufsatz kommt Leo Baeck, nachdem er alles Überflüssige gestrichen hatte, zu folgender Beschreibung und Auswertung Jesu.

> In dem alten Evangelium, das sich derart auftut, steht mit edlen Zügen ein Mann vor uns, der während erregter, gespannter Tage im Lande der Juden lebte und half und wirkte, duldete und starb, ein Mann aus dem jüdischen Volke, auf jüdischen Wegen, im jüdischen Glauben und Hoffen, dessen Geist in der Heiligen Schrift wohnte, der in ihr dichtete und sann, und der das Wort Gottes kündete und lehrte, weil ihm Gott gegeben hatte, zu hören und zu predigen. Vor uns steht ein Mann, der in seinem Volke seine Jünger gewonnen hat, die den Messias, den Sohn Davids, den Verheißenen, suchten und in ihm dann fanden und festhielten, die an ihn glaubten, bis daß er an sich selbst zu glauben begann, so daß er nun in die Sendung und das Geschick seiner Tage, zu der Geschichte der Menschheit hin, eintrat. Diese Jünger hat er hier besessen, die über seinen Tod hinaus an ihn glaubten, so daß es ihnen die Gewißheit ihres Daseins wurde, daß er, wie ein Prophet gesprochen, »am dritten Tage von den Toten auferstanden sei«. Einen Mann sehen wir in dieser alten Überlieferung vor uns, der in allen Linien und Zeichen seines Wesens das jüdische Gepräge aufzeigt, in ihnen so eigen und so klar das Reine und Gute des Judentums offenbart, einen Mann, der als der, welcher er war, nur aus diesem Boden hervor seine Schüler und Anhänger, so wie sie waren, erwerben konnte, einen Mann, der hier ganz allein, in diesem jüdischen Bereiche, in der jüdischen Zuversicht und Sehnsucht, durch sein

2. H.I. Bach, Leo Baeck, in: *The Synagogue Review*, Jan. 1957, S. 137-141, 140.

Leben und in seinen Tod gehen konnte – ein Jude unter Juden. Die jüdische Geschichte, das jüdische Nachdenken darf an ihm nicht vorbei schreiten noch an ihm vorbeisehen. Seit er gewesen, gibt es keine Zeiten, die ohne ihn gewesen sind, an die nicht die Epoche herankommt, die von ihm den Anfang nehmen will.

Wenn so diese alte Tradition in den Blick tritt, dann wird das Evangelium, dieses jüdische, welches es ursprünglich war, zu einem Buche, einem nicht geringen, im jüdischen Schrifttum. Es wird dazu nicht, oder nicht nur, weil in ihm Sätze stehen, wie sie uns gleich oder ähnlich in den jüdischen Überlieferungen jener Zeit begegnen. Es wird dazu auch nicht, und noch viel weniger, weil aus der griechischen Übersetzung in Wortgebilden und Satzformen immer wieder das Hebräische oder Aramäische hervor dringt. Es ist ein jüdisches Buch vielmehr deshalb, durchaus und ganz deshalb, weil die reine Luft, die es erfüllt, und in der es atmet, die der Heiligen Schrift ist, weil jüdischer Geist, und nur er, in ihm waltet, weil jüdischer Glaube und jüdische Hoffnung, jüdisches Leid und jüdische Not, jüdisches Wissen und jüdische Erwartung, sie allein, es durchklingen – ein jüdisches Buch inmitten der jüdischen Bücher. Das Judentum darf an ihm nicht vorübergehen, es nicht verkennen, noch hier verzichten wollen. Auch hier soll das Judentum sein eigenes begreifen, um sein eigenes Wissen.[3]

Dies ist eine außergewöhnliche Zusammenfassung, vor allem wenn man den Ort und die Umstände, in denen sie geschrieben wurde, in Betracht zieht. Sie konnte nur von jemandem gemacht werden, der tief in seinem Judentum verwurzelt und so liberal wie Leo Baeck war. Man muss aber auch vermuten, dass unter der Oberfläche eines solchen Textes, der 1938 in Berlin erschien, eine andere Bedeutung zu finden ist. Diese massive Rückforderung Jesu für die jüdische Welt, diese eindringliche Wiederholung des Adjektivs »jüdisch« ist eine aufsässige Geste gegenüber einer von der Naziideologie durchsetzten christlichen Welt. Es ist keine Überraschung, wenn wir erfahren, dass der Sammelband »Aus drei Jahrtausenden: Wissenschaftliche Untersuchungen und Abhandlungen zur Geschichte des jüdischen Glaubens«, in dem dieser Aufsatz erscheinen sollte, zwar gedruckt, aber nie verlegt

3. Leo Baeck, *Das Evangelium als Urkunde der jüdischen Glaubensgeschichte*, Schocken Verlag / Jüdischer Buchverlag, Berlin 1938.

wurde. Die Gestapo vernichtete fast die ganze Auflage, bevor sie erschien. Der Aufsatz über die Evangelien erschien dann in einem kleinen Bändchen in der Reihe »Bücherei des Schocken Verlags« in Berlin 1938.

Zwischen damals und heute steht der Holocaust. Die Welt des liberalen Judentums mit ihrem intellektuellen und kulturellen Reichtum, wie sie Leo Baeck kannte, wurde zu einem der ersten Opfer des Nationalsozialismus. Das Vertrauen in westeuropäische Lebensart und deren Werte ist in Frage gestellt. Mehr noch ist es nicht *eine* Rekonstruktion eines jüdischen Jesus, die wir heutzutage antreffen, sondern eine Anzahl verschiedener Jesusfiguren. Da ist der ökumenische, oder besser, der interreligiöse Jesus einiger protestantischer und katholischer Theologen, und ich habe großen Respekt vor ihren revolutionären Neubetrachtungen, die sie manchmal auf Kosten ihrer Stellung innerhalb der Kirche machten. Doch da ist auch der Jesus fundamentalistischer christlicher Gruppen und orthodoxer Kirchen, der die Rolle und das Schicksal der Juden immer noch klar definiert. Genau in dieser Gespaltenheit liegt das Hauptproblem der Diskussion.

Der jüdische Standpunkt in Bezug auf interreligiösen Dialog ist es, die Bedürfnisse beider Partner in dem Versuch, den Glauben des anderen, wie er ihn versteht und erfährt, zu verstehen, zu respektieren und zu unterstützen. In der Realität ist dies oft eine Einbahnstraße, in der der jüdische Partner von einem Christen ein Umdenken in dessen Einstellung zum Judentum erwartet. Dieses Problem ist sogar besonders komplex. Christliche Theologie hat in der Vergangenheit nicht nur die Rolle des Judentums aus seiner eigenen Perspektive definiert, sondern gleichzeitig angenommen, dass Juden mit dieser Meinung übereinstimmen, oder noch schlimmer, mit ihr übereinstimmen *sollten*. »Judentum« und »das jüdische Volk« werden so zu christlichen Konstrukten – ohne jegliche Beziehung zu dem, was jüdisches Selbstverständnis an sich beinhaltet. Dies kommt vor allem in Fragen zum Ausdruck, die Christen in den Anfängen jüdisch-christlichen Dialoges stellten: Was denken Juden über Wiederauferstehung, Erlösung, den Messias, Jesus? Dies sind Themen, die innerhalb eines christlichen Rahmens operieren, aber einfach nicht in einem jüdischen Umfeld funktionieren. Für uns sind Themen wie Identität, Überleben oder die Beziehung zu traditioneller jüdischer Gesetzgebung, die Auslegung der Offenbarung am Sinai und die Beschaffenheit des jüdischen Staates herausfordernde und umstrittene Fragen.

Christen haben diesen Wunsch ihrer jüdischen Partner akzeptiert, und dies kommt in vielem, was von den Kirchen in den vergangenen Jahrzehnten erarbeitet wurde, zum Ausdruck. Das einzige Problem ist, dass in dem Versuch, einen neuen Platz für Juden oder das Judentum innerhalb eines christlichen Verständnisses zu finden, das Risiko besteht, eine christliche Theologie zu entwerfen, die uns Juden wiederum eine christliche Definition aufoktroyiert. Wir bleiben damit ein Konstrukt der religiösen Vorstellung anderer Leute. Etwas dieser Art ist unvermeidlich, wenn man die Beschaffenheit des theologischen Diskurses in Betracht zieht, und die Möglichkeit eines solchen Konstrukts muss bedacht und immer wieder an der Realität jüdischer Existenz überprüft werden.

Wenn wir auf die jüdische Seite der Gleichung schauen, dann treffen wir auch hier ein Versäumnis an: Es ist das Versäumnis, wirkliche Neugier an dem christlichen Partner zu zeigen und bereit zu sein, ein jüdisches Verständnis des Christentums heute zu durchdenken. Die Gründe für diese Versäumnisse liegen in den o.g. Problemen, vor allem in dem Gefühl, eine Minorität zu sein, die sich von einem christlichen Milieu und einer Jahrtausende langen Geschichte christlicher Verfolgung bedroht fühlt, die aus jüdischer Sicht im Holocaust ihren Höhepunkt fand. Aber selbst wenn man diese Faktoren anerkennt, sind Juden sehr langsam darin, die Veränderungen in den christlichen Ansätzen zum Judentum, die das Zweite Vatikanum mit sich brachte, zu erkennen. In der Tat sind wir zu oft noch immer an der Stelle, an der wir unsere schlimmsten Ängste und Vorurteile auf das Christentum projizieren, als hätten wir so gut wie nie damit begonnen, die Welt durch die Augen eines christlichen Selbstverständnisses zu sehen.

Die Notwendigkeit für einen neuen jüdischen Ansatz wurde sehr gut von Colette Kessler in einem Vortrag auf der Konferenz der *World Union for Progressive Judaism* 1995 in Paris ausgedrückt. Zufällig ist Frau Kessler die Vize-Präsidentin der World Union, deren Präsident Leo Baeck in den Vorkriegsjahren war. Sie kritisiert, dass Juden die vielen christlichen Dokumente, die katholische wie evangelische Kirchen über ihre Neubetrachtung des Judentums veröffentlicht haben, nicht beachten. Sie setzt sich auch dafür ein, über Polemik und Rechtfertigungen hinauszugehen.

> »Der jüdisch-christliche Dialog muß als ein Aufruf akzeptiert werden, unseren Glauben zu festigen, nach der Wahrheit zu suchen und in unserer Haltung kohärent zu sein. Er sollte uns dahin führen, eine Veränderung in unserer spirituellen Suche zu akzeptieren. Das heißt nicht, daß wir wie der andere werden sollen, sondern daß wir wir selbst werden, dadurch daß wir dem anderen zuhören und uns dessen Botschaft öffnen. Dies könnte uns dahin führen, in unserem eigenen Glauben in unserer Thora einige ›vergessene Werte‹ wiederzuentdecken, z.B. einige der tiefsten Inhalte, die wir für uns behalten haben, um uns besser von unseren Nachbarn zu unterscheiden. Oft haben wir von Juden gehört, daß ›Demut oder Bescheidenheit christliche Werte und keine jüdischen seien‹, oder daß ›Schweigen und persönliches Gebet klare Elemente christlicher Spiritualität sind‹. Unser Problem ist, daß wir die Angst, die so tief in vielen Juden eingegraben ist, überwinden müssen: Die Angst, daß es Übereinstimmungen zwischen den beiden Religionen geben könnte.«[4]

Sie beschließt ihren Vortrag mit herausfordernden Fragen an die jüdische Welt.

> »Sind Juden in unserer Zeit so weit, die Christen als Brüder und Schwestern, als Gleiche und doch andere, als Partner im Bund, in Gottes Entwurf, anzuerkennen? Als Partner von Gott erwählt, in

4. Colette Kessler, *The Urgency of Jewish Response in the Interreligious Dialogue,* European Judaism, Bd. 29, No. 1, Frühjahr 1996, S. 125-132, 128.

der Suche nach dem Reich Gottes? Als zugehörig zu einer Gemeinde des Glaubens, trotz aller Unterschiede? Sind wir so weit zu erkennen, daß ebenso wie es wahr ist, daß die Christen die Juden brauchen, die Juden die Christen brauchen, in ihrer Konfrontation mit der Welt und Gott?«[5]

Sie erkennt aber auch, dass diese Fragen nur unter *einer* Vorbedingung gestellt werden können:

»Um überhaupt in der Lage zu sein, solche Fragen zu formulieren, muß man intensiv an einer ganzen Reihe jüdisch-christlicher Begegnungen teilgenommen haben, u.a. an Bibelstudien, Austausch von Dogmen, an gemeinsamem Schweigen und Gebet. Man muß erlebt haben, wieviel uns diese Treffen heute helfen – in einer jüdischen Welt, die offener ist als in der Vergangenheit, aber trotzdem immer noch in sich zurückgezogen ist.«[6]

Es gibt weitere Stimmen wie die von Colette Kessler, vor allem in Amerika, aber es bleibt ein langsamer und schwerer Weg, einen sensiblen Juden dazu zu ermuntern, sich mit dem Christentum zu befassen. Einer der Hauptgründe, der noch nicht erwähnt wurde, ist die Verwirrung innerhalb des Judentums über die eigene Natur, den eigenen Sinn und die religiöse Basis. Die Unterscheidungen zwischen orthodoxen, nichtorthodoxen und säkularen Juden, alle Konsequenzen der Aufklärung, wurden noch konfuser durch die horrenden Vernichtungen im Holocaust, aber auch durch die Gründung des Staates Israel. Das erste Mal seit zweitausend Jahren entwikkelt sich eine ganze jüdische Gesellschaft, in der die religiösen Annahmen über die Natur von Juden und Judentum völlig irrelevant erscheinen. Als eine nationale Größe müssen die Juden in ihrem eigenen Land unvermeidlich absolut andere Sorgen und Prioritäten haben, und die Beziehung zum Diasporajudentum ist alles andere als klar. Auf der anderen Seite hat die Macht, die der Staat Israel bestimmten orthodoxen Gruppen gibt, Einfluss auf die Gemeinden in der Diaspora. Eine

5. Ibid., S. 132.
6. Ibid.

Konsequenz daraus ist, dass es zu einer immer größer werdenden Polarisierung zwischen den orthodoxen und den liberalen Bewegungen kommt. Dieser und andere Faktoren führen zu einer tief sitzenden Unsicherheit, vor allem wenn es um religiöse Dinge geht. Ohne einen bestimmten Grad an Sicherheit über die eigene Identität kann es sehr bedrohlich auf einen wirken, in den Dialog mit einer Gemeinde anderen Glaubens einzutreten, obwohl diejenigen unter uns, die Dialog erfahren haben, wissen, dass das Zusammenkommen mit anderen tatsächlich helfen kann, unsere eigene Identität in diesem Prozess zu definieren. Dies ist Teil des Paradoxes des Dialogs!

Bei diesem Durcheinander in der jüdischen Welt steht der jüdisch-christliche Dialog sehr weit unten auf der Liste der Prioritäten. Aber wenn Hans Küng recht hat mit seiner Suche nach einer globalen Ethik und wenn die Erfahrung wachsender Zahlen von Leuten, die sich an qualitativ gutem interreligiösen Dialog versucht haben, etwas ist, nach dem man sich richten kann, dann ist dies ein grundlegender Prozess in beiden Glaubensrichtungen. Auf der christlichen Seite hat dies etwas mit der Notwendigkeit zu tun, zur Vergangenheit zurückzukehren. Auf der jüdischen Seite ist es Teil einer notwendigen Heilung und Wiederentdeckung unseres eigenen Universalismus. Obwohl die Figur Jesu heutzutage so gut wie nichts dazu beiträgt, Juden und Christen zu vereinen, könnten wir einen Zeitpunkt erreichen, an dem die Figur Jesu wenigstens weniger dazu beiträgt, uns zu entzweien.

Wenn ich sehe, was Christen mit der Jüdischen Bibel machen ...

Die Hebräische Bibel – ein weithin verborgener Schatz

Zwei Beobachtungen vorweg: Als der Bibliothekar des Leo Baeck College, Dr. Piet van Boxel, kürzlich die Biblische Abteilung unserer Bibliothek umstellte, machte er mich aufmerksam auf eine seiner Meinung nach interessante Feststellung: Wir sind ein Rabbinerseminar; aber im Vergleich zu anderen Teilen der Hebräischen Bibel beanspruchen die Bücher über die Thora, die fünf Bücher Mose, nur einen relativ kleinen Teil der Bücherregale. Bei näherer Betrachtung konnte ich dies nur bestätigen, wenn auch die klassischen rabbinischen Kommentare zur Thora an anderer Stelle untergebracht sind. Wir sahen vor uns die Werke der heutigen Bibelforschung, einige von Christen, einige von Juden, einige von Forschern, für die die Bibel keinen besonderen religiösen Wert hat, sondern wie irgendein Teil der Weltliteratur zu studieren ist. Welche biblischen Bücher nahmen aber den größten Raum ein? Genesis, Jesaja und die Psalmen. Gegenüber diesen dreien schienen die anderen biblischen Bücher nur geringes Interesse auf sich zu ziehen.

Diese Beobachtung wird zum Teil bestätigt durch meine Erfahrung bei den jüdisch-christlichen Bibelwochen in Bendorf. Dort haben wir uns systematisch durch die Hebräische Bibel durchgearbeitet, beginnend mit Genesis, und haben jetzt Amos erreicht. (Ich muss mit einem gewissen Schuldgefühl zugeben, dass wir Levitikus übersprangen, weil ich mich zu der Zeit nicht genügend dafür qualifiziert fühlte.) Auch dabei zogen die Erzählungen der Genesis – ebenso auch des Exodus – viele Menschen an. Die Teilnehmerzahl sank jedoch, als wir uns durch Josua, Richter, Samuelbücher und Könige weiterarbeiteten, obwohl sie etwas zunahm, als wir zu König David kamen. Mit Jesaja kamen größere Zahlen zurück, und seither haben wir einen harten Kern aufgebaut, der bereit ist alles zu studieren!

Es ist klar, dass die Erzählungen der Genesis – die Erzväter mit ihren Familienstreitigkeiten – zur Identifikation einladen, bei Christen wie bei Juden. Die Psalmen haben eine gottesdienstliche Bedeutung, die sie unausweichlich besonders populär macht. (Ich wurde einmal von einem Christen in allem Ernst gefragt: »Haben auch die Juden die Psalmen?«) Aber Jesaja bleibt ein großer Text – wenigstens für einige Gruppen unter den Christen, vermutlich weil Jesaja so sehr als Vorankündigung des Kommens des Christus gesehen wurde und wird, wie die Zitate im neuen Testament belegen. Selbstverständlich sind nur wenige Stellen in Jesaja gut bekannt, und ich vermute, dass viele sehr bestürzt sind, wenn sie merken, wie schwierig die Ausdrucksweise und die Dichtkunst von Jesaja wirklich sein können!

Dies alles will sagen, dass – abgesehen von Christen, die als Teil ihres religiösen Lebens regelmäßig die ganze Bibel lesen – vieles von diesem hochgeschätzten »Ersten Testament« ein ziemlich verborgener Schatz geblieben ist.

Neue Impulse – alte Vorurteile

Lassen Sie mich einen Schritt weitergehen: Die trotz des Rückgangs der Bibelkenntnis in den letzten Jahrzehnten bekannteste Bibelstelle ist: »Du sollst deinen Nächsten lieben wie dich selbst.« Sie wird oft von denen, die sie zitieren, für eine wesentlich christliche Aussage, jedenfalls für eine von Jesus, gehalten. Die besser Informierten werden wissen, dass es in Wirklichkeit ein Zitat aus der Hebräischen Bibel ist, aus dem unwahrscheinlichsten ihrer Bücher: Levitikus. Es ist Teil einer faszinierenden halb-gesetzlichen Diskussion über das zwischenmenschliche Verhalten in einer Bundesgemeinschaft. Abgesehen jedoch von der Tatsache, dass man die Bibel oft nicht gut genug kennt, um die Herkunft des Satzes zu kennen, erscheint es vielen unvorstellbar, dass ein solch bedeutungsvoller Satz, der dazu noch von »Liebe« spricht, aus dem »Alten Testament« stammen könnte. Handelt das »Alte Testament« nicht von dem eifersüchtigen und gewalttätigen Gott der Hebräer, der Juden? Diese Religion der Gesetzlichkeit ist doch überlagert vom Neuen Testament mit seiner Verkündigung der Liebe! Denen, die ihre Hebräische Bibel kennen, ist durchaus bewusst, wie unterschiedlich die darin enthaltenen Stoffe sind, einschließlich der Bücher, die die tiefsten Gefühle und Leidenschaften der Liebe repräsentieren – Hohes Lied und Ruth. Doch oft genug bleibt die Hebräische Bibel – aus einer Unklarheit der Christenheit gegenüber ihren eigenen Wurzeln im Judentum heraus – das

Opfer einer negativen Propaganda, offenbar aus dem Bedürfnis heraus, die »neue Offenbarung« deutlich unterschieden und besser hinzustellen als die alte.

Es gibt bemerkenswerte Ausnahmen von diesem Ansatz; wir alle haben etwas davon, dass vor dreißig Jahren im II. Vatikanum ein neuer Akzent gesetzt wurde. In Deutschland sind die verschiedenen kirchlichen Erklärung zur Neubestimmung des Verhältnisses zu den Juden wichtige Beiträge, und die Arbeit von Erich Zenger, in der er den Begriff »Erstes Testament« entwickelte, hat zu einem besseren Verständnis der Hebräischen Bibel bei Christen geführt. Ein wichtiger Überblick über die Themen des jüdisch-christlichen Dialogs, mit besonderer Betonung der christlichen Einstellungen gegenüber der Hebräischen Bibel heute, ist das Buch von Professor Rolf Rendtorff *Christen und Juden heute. Neue Einsichten und neue Aufgaben* (Neukirchner Verlag 1998). Von meiner Erfahrung als Vortragender bei verschiedenen Tagungsstätten und Gemeinden weiß ich auch, dass es einen kleinen, aber engagierten Kreis von Menschen gibt, die die Hebräische Bibel aus sich selbst heraus verstehen und wegen ihres eigenen Wertes studieren wollen. Das Interesse am Judentum zeigt sich an der Teilnehmerzahl bei Veranstaltungen des Kirchentags und Katholikentags. Organisationen wie die Internationale Bibellesevereinigung veröffentlichen Arbeiten über die Hebräische Bibel, oft von Rabbinern verfasst. Ich bin überzeugt, dass es unzählige weitere Initiativen und Kreise gibt, in denen die Hebräische Bibel mit vollem Ernst studiert wird. Jedoch bleiben diese Aktivitäten relativ begrenzt und alte Einstellungen herrschen in weiten Teilen der christlichen Welt immer noch vor.

Die negative Sicht des »Alten Testaments« ist auch an unerwarteten Stellen zu finden. Mit dem Anwachsen der ökologischen Befürchtungen versuchten Theologen die Ursprünge unserer Umweltzerstörung zu entdecken. Zahlreiche Autoren legten dies eindeutig Genesis 1,28 zur Last, Gottes Auftrag an das erste Menschenpaar: »Seid fruchtbar und mehret euch und füllet die Erde und machet sie euch untertan und herrschet über die Fische im Meer und über die Vögel unter dem Himmel und über das Vieh und über alles Getier, das auf Erden kriecht.« Dies wurde als der Ursprung und die göttliche Bestätigung der Ausbeutung der Erde und des Tierreichs angesehen und wieder war das Alte Testament die Ursache unserer Misere. Eine solche Auslegung lässt die vielen Stellen völlig außer Acht, die die Begrenzung unserer Freiheit zur Ausbeutung der Erde zeigen – vom Sabbatjahr, in dem das Land brachliegt, zum Gesetz, das das Baum fällen sogar in Kriegszeiten verbietet, bis hin zu dem Gesetz gegen das Zusammenspannen verschiedener Tierarten. Der Kernsatz ist wieder in Levitikus zu finden, in 25,23. »Darum sollt ihr das Land nicht verkaufen für immer, denn das Land ist mein, und ihr seid Fremdlinge und Beisassen bei mir.« Wir sind nicht frei, das Land nach Gutdünken zu gebrauchen, denn wir sind Pächter des Landbesitzers, Gott. Wieder einmal beruht ein sehr selektives und voreingenommenes Lesen des »Alten Testaments« auf einem bereits vorhandenen Vorurteil – und bestätigt es.

Die bedauerlichste Äußerung einer negativen Einstellung gegenüber der Hebräischen Bibel ist heute in einigen feministischen Schriften zu finden. Dies ist besonders unglücklich, weil es die als Herzstück des Feminismus behauptete Toleranz verrät und Trennungen aufreißt, wo Solidarität so wichtig ist. Katherina von Kellenbach untersucht das Phänomen in ihrem Buch *»Anti-Judaism in Christian Theology«* (Scholars Press, Atlanta 1995). (Man vergleiche auch die hilfreiche Untersuchung und Literaturangaben in dem gleichnamigen Kapitel bei Jonathan A. Romain [Hg.], *»Renewing the Vision: Rabbis Speak out on Modern Jewish Issues«*, SCM Press, London 1996). Darin werden Fragen, wie die angebliche jüdische Zwangsvorstellung weiblicher »Unreinheit« während der Menstruation, erörtert. Doch zeigen die Autoren oft Unkenntnis der biblischen Begriffe (das hebräische *tame* und *tahor* bezieht sich auf rituelle Reinheit und Unreinheit, die Männer in gleicher Weise betreffen, und hat keinen moralischen Beigeschmack wie »rein« und »unrein«). Ebenso unbekannt sind ihnen die späteren jüdischen Überlieferungen in diesen Fragen. Wenn Rachel Montagu positiv feststellt, dass Prophetinnen wie Debora und Hulda »So spricht der Herr« sagen, dann vermerkt sie dies mit Verwunderung (S. 29): Wie ist Derartiges in einer patriarchalen Gesellschaft möglich? – Mir kommt das so vor, als sagte man lieber »Was hat eine so schlimme Stelle in einem so schönen Buch wie der Bibel verloren?«, anstatt bei dem Inhalt der Bibel zu beginnen und ihn dann zu verstehen suchen. (Obwohl das nicht zu meinem Thema gehört: Die Haltung Jesu gegenüber Frauen wird ähnlich selektiv wahrgenommen – ist er der erste Feminist, der mit den untragbaren Werten seiner jüdischen Umwelt bricht – oder bringt er einfach die Einstellungen seiner Kultur zum Ausdruck?) – Obwohl es auch eine gewisse Selbstkritik und Wahrnehmung solcher Einstellungen in feministischen Schriften gibt, vermitteln sie doch immer noch negative Vorstellungen an die nächste Generation.

Darüber hinaus hat solche Gefühllosigkeit weitere Folgen: Wenn das ganze »Alte Testament« rundweg abgelehnt wird, ist es für diejenigen, die um seine Stärken und Schwächen wissen, schwer, kritische Punkte, wie etwa die Gesetze über die Behandlung der Bewohner Kanaans, anzusprechen. Man befürchtet denen mehr Munition zu liefern, die in ihrer Gesamtsicht so negativ sind.

Gegenüber all diesem Negativen möchte ich die offensichtliche Tatsache unterstreichen, dass das Studium der Hebräischen Bibel uns dazu hilft, unser Verständnis von Begriffen wie »Liebe Gottes« zu vertiefen, und dass es weitere Dimensionen eröffnet, als wir gemeinhin annehmen. Für mich als Rabbiner, dem eine zweitausendjährige rabbinische Überlieferung zur Verfügung steht, ist dies offensichtlich. Aus meiner Sicht sollte das Studium der Hebräischen Bibel als eine außergewöhnliche Chance für das Wachsen und Reifen der Persönlichkeit gesehen werden, wie es auch beim eingehenderen Studium anderer heiligen Schriften wäre. Es ist gerade die Unabgeschlossenheit der Hebräischen Bibel, die ihr ihre besondere Autorität und Kraft verleiht.

Lassen Sie uns einen Augenblick verweilen bei der Frage der Liebe Gottes und der Art, wie sie zum Ausdruck kommt: Die »Liebe«, die der biblische Gott zeigt, wird selten ausdrücklich beschrieben; so bleibt es dem Leser überlassen, sie überall in den Erzählungen und Begegnungen mit Gott zu erahnen. Trotzdem gibt es Stellen, die Gottes Zuwendung zur Menschheit genauer umschreiben: »Barmherzig und gnädig ist der Herr, geduldig und von großer Güte. Er wird nicht für immer hadern noch ewig zornig bleiben. Er handelt nicht mit uns nach unseren Sünden und vergilt uns nicht nach unserer Missetat. Denn so hoch der Himmel über der Erde ist, läßt er seine Gnade walten über denen, die ihn fürchten. So fern der Morgen ist vom Abend, läßt er unsere Übertretungen von uns sein. Wie sich ein Vater über Kinder erbarmt, so erbarmt sich der Herr über die, die ihn fürchten. Denn er weiß, was für ein Gebilde wir sind; er gedenkt daran, daß wir Staub sind.« (Psalm 103,8-14)

Bleiben wir bei dieser Vorstellung von Gott als einem Vater, der seine Kinder liebt, immer bereit, ihre Fehler zu akzeptieren, ihnen zu vergeben. Das ist nicht das einzige Bild zur Beschreibung des Verhältnisses; doch wollen wir sehen, wie es sich praktisch auswirkt.

In der Rolle als Vater und Lehrer erkennen wir Gott, wie er den Menschen der Bibel in entscheidenden Augenblicken ihres Lebens Fragen stellt. Eine gute Frage eröffnet ganze Bereiche möglichen Bewusstseins, die wir selbst entdecken können. Ich habe einmal für einen gottesdienstlichen Anlass eine Reihe solcher über die ganze Hebräische Bibel verstreuter Fragen zusammengestellt. Sie ergänzen sich gegenseitig.

Als Adam von der verbotenen Frucht isst und Gott ihn sucht, tut er dies mit einer Frage: »Wo bist du?« (Gen 3,9). Der mittelalterliche rabbinische Ausleger Raschi betont, dass dies nicht eine Frage nach dem geographischen Ort Adams ist, sondern eine Eröffnung, eine Einladung zum Reden, um zuzugeben, was er getan hat. Hier wird gefragt »Wo bist du in deinem Leben? Was hat dich dazu gebracht, dich zu verstecken?« Was manchmal als strenges Verhör verstanden wird, kann auch als vorsichtige Eröffnung eines notwendigen Gesprächs gesehen werden.

Dramatischer und bedeutungsschwerer ist die Kain gestellte Frage. Das schlichte »Wo ist dein Bruder Abel?« stellt unsere ganze Menschlichkeit in Frage: Wer ist uns Bruder und Schwester? Wie weit sind wir zur Anerkennung der Verletzungen bereit, die wir einander zufügen, so dass wir Versöhnung und Heilung suchen können? Es geht nicht um Anklage, sondern es wird dazu eingeladen, miteinander zu erkunden, was für Kain und in gewisser Weise auch für den Gott der Genesis ein neues Gebiet ist, eröffnet durch den ersten Totschlag.

Wenn Abraham der Held des ersten Teils des Genesisbuches ist, konnten wir erwarten, dass Gott sich ausschließlich um ihn kümmert. Aber die tragische Gestalt der Hagar findet gleichfalls erhebliches Interesse. Nachdem sie in den Status einer zweiten Frau Abrahams erhoben ist, sieht sie eine bedeutende Zukunft für sich und ihren Sohn vor sich – und wird dann grausam verlassen. Als eine eifersüchtige Sara sie bedrückt, läuft Hagar weg und könnte so aus der Erzählung verschwinden; denn ihre Affäre mit Abraham geht ganz auf menschliche Initiative zurück und ist gegenläufig zu Gottes Absichten. Doch auch sie ist dem göttlichen Eingreifen ausgesetzt und der Bote Gottes erwartet sie mit genau der Frage, die sie braucht, um ihre Situation zu überblicken: »Hagar, Sarais Magd, wo kommst du her und wo willst du hin?« (Gen 16,8)

Wie bei Hagar werden nicht nur Israeliten, sondern auch die gefürchteten Feinde Israels von Gott angeredet. Der Zauberer Bileam, mit seiner Macht über Segen und Fluch, wird von König Balak aufgefordert, Israel zu verfluchen. Daraus folgt für Bileam ein schwerer innerer Kampf. Eigentlich möchte er es tun, ob nun wegen des von Balak versprochenen Reichtums und Ansehens oder wegen seiner eigenen Animosität gegenüber Israel. Aber seinem Wunsch steht die ausdrückliche Weigerung Gottes entgegen, ihm das zu gestatten. Wie der Konflikt ausgelöst wird, erzählt die Hebräische Bibel auf faszinierende Weise, aber die Frage Gottes am Anfang überlässt die Entscheidung über den weiteren Weg wieder Bileam: »Gott kam zu Bileam und sprach: ›Wer sind die Leute, die bei dir sind?‹« (Num 22,9)

Eine der dramatischsten Gestalten der Hebräischen Bibel ist der Prophet Elia. Plötzlich erscheint er auf der Bühne, sagt eine Hungersnot an oder fordert die Baalspropheten zum Wettstreit heraus. Beide Male scheint es seine eigene Initiative zu sein, und Gott wird irgendwie dazu gebraucht, ihn zu unterstützen. Aber trotz – oder wegen – seines Eifers verzweifelt Elia und meint der einzige zu sein, der noch zu Gott hält. Seine bitteren Worte über seine Einsamkeit werden von Gott mit Sturmwind, Feuer, Erdbeben und einem »stillen, sanften Sausen« beantwortet. Aber trotz dieser Offenbarungen von Gottes Macht wiederholt Elia einfach seine Litanei der Verzweiflung, und Gott schickt ihm Elia, damit er ihn zum Nachfolger salbt (1 Kön 19,9-15). Auch das gefällt Elia nicht und er tritt in weiteren biblischen Erzählungen auf. Aber am tiefsten Punkt seiner Verzweiflung wartet Gott auf ihn mit einer weiteren Frage: »Was machst du hier, Elia?« (1 Kön 19,9). Damit wird dem Propheten erstmals die Chance zum Insichgehen geboten, und während er seine aus seiner Sicht hoffnungslose Situation darlegt, öffnen sich die Schleusen.

Damit sind die Fragen, die Gott an Einzelpersonen in der Bibel richtet, noch nicht zu Ende. Wie wir gesehen haben, bezeugt jede Frage Respekt für die Person in ihrer besonderen Situation und lädt sie mit liebevoller Feinfühligkeit zur Antwort ein. Diese und die unzähligen anderen Beispiele in der Hebräischen Bibel geben uns die Gelegenheit, unsere Einsicht in den Umgang Gottes mit den Menschen – und erst recht das Zusammenspiel der verschiedenen Akteure dieser Dramen – zu vertiefen. Daraus schließe ich: Wenn man die Hebräische Bibel zu einer Art ideologischem Vorläufer des Neuen Testaments macht, woraus sich eine höchst selektive

Wahrnehmung ihres Inhalts ergibt, dann beraubt man mindestens einen Teil der Christenheit einer reichen geistlichen Einsicht und Erfahrung. Wenn also die Hebräische Bibel unter irgendeiner solchen Kategorie abgetan wird, dann ist das für mich einer der schwersten Anstöße im christlichen Umgang mit ihr.

Verengter christlicher Zugang und seine Folgen

Und noch etwas weiter auf dieser Spur: Eine der Folgen der besonderen christlichen Betonung einiger eng begrenzter Aspekte der Hebräischen Bibel war auch deren Auswirkung auf die jüdische Betrachtungsweise. In der früheren jüdischen Auslegung ist so viel Mühe darauf verwendet worden, die christlichen Angriffe oder Interpretationen abzuwehren, dass bestimmte Bereiche eine fast entstellte Bedeutung gewonnen haben.

Am auffälligsten ist natürlich die christliche Suche nach Beweisen für Jesu Messianität in der hebräischen Prophetie. Bei jedem Vers, der von Christen als Voraussage gesehen, und jeder Gestalt, die jemals als Vorläufer Jesu verstanden wurde, mussten Juden nach anderen Verstehensmöglichkeiten suchen. Ich sage »mussten«, weil dies in den mittelalterlichen Disputationen tatsächlich so war, bei denen jüdische Gelehrte ihre Weigerung, christliche Auslegung anzunehmen, öffentlich verteidigen mussten – wobei sie oft ihr Leben riskierten. Es gibt eine zweibändige Darstellung von 1877, herausgegeben von S.R. Driver und A.D. Neubauer, in welcher über 60 unterschiedliche jüdische Auslegungen von den frühesten rabbinischen Schriften bis ins späte Mittelalter zusammengestellt sind, die sich dazu äußern, wer mit dem »leidenden Gottesknecht« von Jes 53 gemeint ist. Sie reichen von dem kommenden Messias zum Propheten Jeremia bis hin zum gesamten jüdischen Volk (Samuel R. Driver / Adolf Neubauer, *The Suffering Servant of Isaiah According to the Jewish Interpreters,* James Parker & Co., Oxford und London, T.O. Weigel, Leipzig 1877; Reprint Hermon Press, New York 1969).

Aus zwei Gründen erwähne ich diese Publikation und ihre Bedeutung: Erstens vermute ich, dass ohne die christliche Betonung der Gestalt Jesu als des Messias der Begriff »Messias« – der nur ein Aspekt biblischer Eschatologie ist – im späteren jüdischen Denken eine viel geringere Rolle gespielt haben würde. Jedenfalls nach dem Untergang des Bar Kochba, den der große Rabbi Akiva für den Messias hielt, lag genügend Skepsis in der Luft, um den Begriff wegen der mit ihm verbundenen Gefahren völlig zu vergessen. Spätere Messiasprätendenten im Judentum richteten oft beträchtlichen Schaden für das jüdische Volk an. Wenn die Vorstellung einfach hätte aussterben können, wäre das Judentum anders geworden. Nun sage ich nicht, ob dies für das jüdische Volk und die ganze Welt besser oder schlechter gewesen wäre – ich sage einfach, dass die ständige Notwendigkeit, unsere Ablehnung Jesu als des Messias zu rechtfertigen, die Gestalt des Messias im späteren jüdischen Denken viel wichtiger gemacht hat, als es sonst geschehen wäre. Darüber hinaus begrenzte die Gestalt Jesu, wie sie im christlichen Denken entwickelt wurde, jüdische Entfaltungen der messianischen Idee.

Zweitens: Was für eine Einengung der Reichweite von Texten, Stoffen, Ideen, Erzählungen, Gedichten und Erfahrungen der Hebräischen Bibel bedeutet es, wenn nur diese wenigen Fragen aufgegriffen werden, nur zum Beweis einiger eng begrenzter theologischer Behauptungen. Es ist eine Verarmung des Textes und eine Verarmung der Christenheit, wenn ihr Umgang mit dem Alten Testament so eingegrenzt wird.

Ebenso verhält es sich mit anderen christlichen Behauptungen, die sich auf die biblische Überlieferung stützen, beispielsweise der Auffassung von der Ablösung des jüdischen Volkes durch die Christen aufgrund von Stellen wie dem Neuen Bund von Jer 31,31-33. Auch hier fühlten sich Juden genötigt, apologetische Antworten zu suchen. Eine objektive Untersuchung dieser Bibelstelle macht jedoch völlig klar, dass der Prophet eindeutig von der Wiederherstellung der zwei Königreiche Israel und Juda spricht, so dass es eines erheblichen Neulesens bedürfte, um zu anderen Schlüssen zu kommen. Das ist ein weiterer Hinweis darauf, dass das Christentum eine ganze Auslegungsstrategie entwickeln musste, die den Bibeltext grundsätzlich neu lesen muss, um zum Ziel zu gelangen. Gegen ein so weit vom Wortsinn entferntes Verständnis, das nicht auf einer gemeinsamen Glaubensgrundlage beruht, ist wirklich schwer zu argumentieren. – Wenn die Beweisstellen so verengt wahrgenommen und so unwahrscheinlich verstanden werden, hat das eine weitere Konsequenz: Es führt bei Christen zu einer zu einfachen Sicht der Juden – als lehnten sie offenkundige Deutungen dieser Stellen ab, die Christen in engem christlichen Sinn verstehen. Jeder, der schon einmal mit einem christlichen Missionar zu tun hatte, der seine paar Bibelstellen mit fester Überzeugung und völliger Verständnislosigkeit für ihre tief greifende Komplexität oder Feinheit zitiert, weiß, wie frustrierend eine solche Begegnung sein kann. Ich meine, dass die Christenheit durch solche Vorgehensweisen letztlich ärmer geworden ist.

Ich könnte wahrscheinlich noch weitere Beispiele finden, aber vermutlich reichen diese aus, um ein spezielles jüdisches Problem mit dem christlichen Umgang mit der Hebräischen Bibel aufzuzeigen, aber auch den Preis, den Juden als Folge dieser Umgangsweise zu zahlen hatten.

Was ist heute christliche Auslegung des Alten Testaments?

Es gibt eine weitere Dimension, die für Christen heute Fragen aufwirft: In den allerersten jüdisch-christlichen Bibelwochen in Bendorf waren Christen schon ganz damit zufrieden, dass sie zu den Füßen von Juden saßen und die unterschiedlichen Auslegungen aus unserer reichen exegetischen Überlieferung in sich aufnahmen. Der Midrasch, die mittelalterlichen Ausleger wie Raschi und Ibn Esra, bieten Stoff von ungeheurer Breite und Tiefe. Manchmal wirkte es direkt bedrohlich auf christliche Teilnehmer, wenn sie erfuhren, dass ein einziger Text so viele Bedeutungen haben konnte. Ihre eigene Überlieferung war geprägt von der Annahme, dass die wahre Bedeutung nur eine einzige sein könne und dass daher nur diese wissenswert sei. Wenn sie den Schock überwunden hatten, entdeckten sie, dass die jüdische Auslegung große Kreativität und Einfallsreichtum auslöste und dass es viele verschiedene Wege für das Verstehen eines Textes geben kann.

Trotzdem setzte nach einiger Zeit die Reaktion ein, dass man fragte, was die spezifisch christliche Auslegung dieser Bibelstellen sei. Es war klar, dass es nur sehr wenige Gelehrte gab, denen die mittelalterlichen christlichen Ausleger so lebendig vor Augen standen wie uns ihre jüdischen Zeitgenossen. Zum Teil lag das genau an dem begrenzten typologischen Ansatz der Auslegung, der ein heutiges Publikum einfach nicht anspricht. Darüber hinaus – obwohl ich das Ausmaß der Vertrautheit von Juden mit ihrer Auslegungsüberlieferung nicht überschätzen möchte – ist diese gewiss unter den Studenten und Absolventen des Leo Baeck College lebendig, die in Bendorf und in anderen traditionelleren Kreisen mitarbeiten. Wenn also der Zugang über die mittelalterliche christliche Auslegung blockiert war, wollten sie etwas über die heutige christliche Auslegung hören. Auf meine Frage, woran sie dabei dachten, kam die Antwort: Die Theologie des Jahwisten und Elohisten.

Dabei fiel mir ein Artikel von Hans Walter Wolff über das Kerygma des Elohisten ein, den Wolff mit der Behauptung eröffnet, dass der Elohist trotz aller für ihn anscheinend tödlichen Fortschritte der Wissenschaft immer noch lebendig ist! Nun ist es nicht meine Aufgabe, die Überzeugungskraft der Annahme in Frage zu stellen, dass Elohist und Jahwist von Wert für die Christen sind; aber es ist doch eine eigentümliche Situation: Die hypothetischen Verfasser vor-biblischer Quellen, die erst mit umstrittenen Methoden aufgrund fragwürdiger historischer Voraussetzungen entdeckt wurden, sind zu christlichen religiösen Lehrern erhoben worden, obwohl sie existierten, bevor die Hebräische Bibel oder gar das Christentum entstanden. Da sie selbst die Schöpfung einer besonderen Forschungsrichtung des vorigen Jahrhunderts in einem vom Christentum bestimmten Milieu sind, überrascht es nicht, dass eine spätere, in derselben Forschungsrichtung aufgewachsene Generation in ihnen Werte entdeckt, die ihre Voraussetzungen unterstützen. Das ganze ist eigentlich ein Zirkelschluss, aufgebaut auf fragwürdigen Voraussetzungen.

Das lässt, wenigstens bei mir, die ernste Frage unbeantwortet, wo heute eine spezifisch christliche Bibelauslegung zu finden ist. Dazu gehört die Frage, ob es heute eine christliche oder eine andere erkennbar konfessionelle Auslegung gibt, einschließlich einer jüdischen. Als Angehörige derselben Kultur, hervorgegangen aus denselben Traditionen biblischer Forschung, ist bei uns wohl kaum etwas zu finden, was nicht letztlich als leichte Variante aufgrund derselben Voraussetzungen über die Art des Bibeltextes erscheint.

Schluss

Die Frage des christlichen Verständnisses des Alten Testaments hat eine lange Geschichte, seit dem Neuen Testament selbst. Sie fängt an bei der sehr unterschiedlichen Natur von Hebräischer Bibel und Neuem Testament, die zu dieser Diskussion hinzugehört. Hier möchte ich auf die gedankenreiche Untersuchung von Gabriel Josipovici (*The Book of God: A Response to the Bible*, Yale University Press, New Haven und London 1988) hinweisen, der über die Arbeit an europäischer Literatur zum Bibelstudium gekommen ist. Er bemerkt die Unabgeschlossenheit der Hebräischen Bibel und den Reichtum ihrer Anschauungen, von denen viele widersprüchlich sind und es so dem Leser überlassen, die Widersprüche aufzulösen oder einfach mit ihnen zu leben. Im Unterschied dazu besteht das Neue Testament sehr viel mehr darauf, dass seine Wahrheiten akzeptiert werden, etwa durch die Zitate aus der Hebräischen Bibel mit dem Zusatz »auf daß erfüllt würde«. Hier haben wir es mit einer ganz anderen Vorstellungswelt und Vorgehensweise zu tun, ausgehend von Annahmen über Leben und Tod Jesu als Vollendung und Besiegelung einer bestimmten Entwicklung, und müssen daher die Menschen von dieser Wahrheit überzeugen. Die Offenheit, die Vielfalt der religiösen Möglichkeiten und das Fragen der Hebräischen Bibel bleiben zurück, ohne die unser geistliches Leben viel ärmer ist.

Ich muss unterstreichen, dass ich nichts gegen ein christliches Verständnis der Hebräischen Bibel habe, nicht einmal gegen die besonderen Vorstellungen, die damit verbunden sind. Es gibt rabbinische Auslegungen, die ebenso radikal und überraschend sind und sogar dem Wortsinn einer Bibelstelle widersprechen oder ihn faktisch auslöschen. Das ist unweigerlich das Schicksal eines offenbarten Textes, der über längere Zeit die Grundlage der Gemeinschaft bildet. Aber im Lichte der jüdischen Erfahrungen dieses Jahrhunderts im Herzen des christlichen Europa erwarte ich, dass die christliche Auslegung auf ihre Auswirkungen auf Juden überprüft wird. Alles, was diesem Maßstab nicht gerecht wird, wäre ein Verrat am Geist des II. Vatikanum und an der Chance zur Beseitigung der dem jüdischen Volk fast zweitausend Jahre hindurch zugefügten schrecklichen Ungerechtigkeiten.

Ich hoffe, ich bin nicht zu scharf gewesen. Meine Absicht war, aus jüdischer Sicht den christlichen Umgang mit der Hebräischen Bibel zu untersuchen; dabei muss angesprochen werden, dass zwischen uns zweitausend Jahre des Konflikts liegen. Zusammenfassend sehe ich zwei Probleme: Erstens die Auswirkungen des christlichen Verständnisses des Alten Testaments auf Juden und Judentum. Diese waren weithin negativ und das hat zur Misshandlung jüdischer Gemeinden geführt. Aber christliche Akzente haben auch direkten Einfluss auf einige Aspekte des jüdischen Denkens gehabt, das sonst in andere Richtungen gegangen wäre. – Zweitens geht es um die Auswirkungen einer bestimmten Art christlicher Auslegung, durch die der Zugang der Christen zu der Vielfalt, dem Reichtum und den Herausforderungen der Hebräischen Bibel eingeengt worden ist.

Die wichtigste Feststellung zum Schluss ist vielleicht, dass die Vergangenheit den neuen Möglichkeiten der Gegenwart nicht im Wege stehen muss. Die Hebräische Bibel bleibt ein gemeinsamer Ort der Begegnung für uns. Der interreligiöse Dialog bietet unzählige Möglichkeiten zur Begegnung und zum Voneinanderlernen.

Bibelarbeit zum interreligiösen Dialog auf dem Kirchentag 1999

Bibeltext: Jesaja 65,17-25

In der Wahl dieses Textes für einen interreligiösen Dialog zwischen den drei Religionen (Judentum, Christentum und Islam) liegt eine gewisse Ironie, besonders was Juden und Muslime betrifft. Erstens ist es ein stark partikularistischer Text, bestimmt für die Zielgruppe einer Gemeinschaft, die aus dem Exil von Babylon zurückgekehrt war und sich um die Wiederherstellung ihrer Nation bemühte. Zweitens, und das ist noch problematischer: Diesem Text liegen göttliche Verheißungen zugrunde, Jerusalem für das jüdische Volk wieder zu errichten. Das ist ein Sachverhalt, der zu einem ganz erheblichen religiösen Streitpunkt zwischen den drei Religionen geführt hat, verschärft durch aktuelle politische Ereignisse im Zusammenhang mit dem Entstehen des Staates Israel und den palästinensischen Bestrebungen, einen eigenen Staat zu erhalten, mit seiner Hauptstadt in Jerusalem. Es ist ein Text, den man vielleicht am Ende eines langen Dialogprozesses diskutieren könnte, es ist aber kaum ein leichter Text für den Beginn des Dialoges. Andererseits steht er nun mal da und so müssen wir über ihn reden.

Wie schon angedeutet, spricht dieser Text zu dem jüdischen Volk mit seinen tiefen Ängsten und Nöten in dieser schwierigen Etappe seiner biblischen Geschichte. Er enthält eine Anzahl von Elementen, die zentral sind für das Selbstverständnis des biblischen Israel, für sein Verständnis seines Platzes in Gottes Welt, insbesondere für den Stellenwert des Bundes zwischen Gott und Israel. Lassen Sie uns zunächst das Echo dieser Elemente in dem Text untersuchen.

Die ersten Textstellen stehen im Zusammenhang mit den Traditionen, die die Schöpfung der Welt durch Gott betreffen. Es ist sehr schwierig, die historischen Ursprünge solcher Glaubensüberzeugungen auszumachen oder auch die Wege, auf denen es zu den Formulierungen in der Hebräischen Bibel kam.

Ich gehe aber davon aus, dass dieser relativ späte Text sich der spezifischen Traditionen bewusst ist, die daraus hervorgehen werden, und insofern ist er ein Kommentar dazu.

Vers 17 verweist auf die Schaffung eines neuen Himmels und einer neuen Erde. Deshalb werden die »vergangenen Dinge« vergessen sein. Im Kontext von Jesaja 65 scheint sich dies auf die früheren Notzeiten zu beziehen, die im Vers davor erwähnt werden.

Der Hinweis auf »Himmel und Erde« bezieht die gesamte kosmische Ordnung mit ein, ganz besonders wie sie in Genesis 1 beschrieben ist. Die Begriffe werden jedoch in einer spezifischeren Weise verwendet. Es sind nämlich »der Himmel und die Erde«, die Zeugen des Bundes zwischen Gott und dem Volk Israel sind, kurz bevor dieses Volk das Land betritt (Dtn 3,19). So wie Himmel und Erde für immer bestehen, so sind sie Zeugen des auf ewig geschlossenen Bundes, aber sie sind auch verfügbar, um Zeugnis gegen Israel abzulegen, sollte es den Bund brechen (Dtn 32,1; Jes 1,2).

Aus dem Text geht nicht klar hervor, ob es sich hier um eine völlig neue Schöpfung handelt, die alles Vorangegangene ersetzt. Das Verb »bara« (erschaffen), welches in Genesis 1 ins Auge fällt, wird auch hier in Vers 18 benutzt, wo es um Jerusalem geht. Aber in diesem Fall bedeutet es, dass eine neue Stimmung der Freude in Jerusalem hervorgerufen wird; mit anderen Worten: Es geht nicht um eine neue Stadt, sondern um die Veränderung ihres Zustands.

Ein zweites Echo der Schöpfungsgeschichten handelt von dem verlängerten Leben, welches den Bewohnern des wiederhergestellten Landes bevorsteht. Wie die alten Völker vor der Sintflut werden auch sie außergewöhnlich lange leben – ein Zeichen von Gottes Segen, der über sie kam, und für die Wiederherstellung einer prä-existierenden Harmonie.

Ein drittes Echo ist die Wiederherstellung der Harmonie in der Tierwelt und zwischen Menschen und Tieren, eine Harmonie, die im Garten Eden existierte. Das ist selbst ein Echo einer früheren Prophezeiung von Jesaja (Jes 11,6-9), aber damit wird wiederum diese Verheißung in einen universalen Kontext gestellt.

Diese universalen Verheißungen formen den weiten Rahmen unseres Textes. Innerhalb dieses Rahmens kommen verschiedene Verheißungen, die viel stärker auf Israel selbst bezogen sind und auf die besondere Beschaffenheit des Bundes mit Gott.

Zunächst ist die Verheißung des Segens und der Fruchtbarkeit im Land ein Echo des Rufes, der an Abraham erging, und ein Echo von Gottes Verheißung an ihn, ein Segen, der weitergegeben wurde an Isaak und Jakob.

Diesem allgemeinen Gedanken wurde ein weiteres, ganz besonderes Echo hinzugefügt, nämlich eine der Warnungen, die mit dem göttlichen Bund einhergingen. Nach Dtn 26: Wenn Israel den Bund bricht, wird es eine Reihe von Flüchen auf sich ziehen: Ein Mann wird ein Haus bauen, er wird aber nicht lange genug leben, um darin zu wohnen, so dass ein anderer darin wohnen wird; ein Mann wird einen Weinberg anlegen, aber nicht er selbst, sondern ein anderer wird die Früchte genießen (Dtn 28,30). Diese Flüche, durch die alle Anstrengungen zur Wirkungslosigkeit verurteilt sind, werden alle von Gott zurückgenommen, wenn der Bund gründlich erneuert worden ist.

Als letztes, und das ist ganz offensichtlich, wird Jerusalem wieder erstehen als Mittelpunkt der Nation. Anders als bei den Warnungen des Propheten Jeremias, wo es heißt »Verstummen lasse ich in den Städten Judas und auf den Straßen Jerusalems Jubelruf und Freudenruf, den Ruf des Bräutigams und den Ruf der Braut, denn das Land wird zur Wüste werden«, anders also als bei Jeremias wird »das Geschick des Landes gewendet«, es soll »werden wir ehedem«, und das ist Teil des normalen Zyklus des Lebens und der Erneuerung (vgl. Jer 7,34; 33,11).

Fassen wir zusammen: Die Bibelstelle ist ein Echo sowohl der universalistischen Themen über die Schöpfung der Welt und die Wiederherstellung der ursprünglichen Harmonie als auch ein Echo der partikularistischen Themen über das Schicksal des jüdischen Volkes, das wieder eingesetzt wird in sein Heimatland. Beides gehört wesentlich zu der Vision und den Verheißungen.

Wie sprechen wir heute über diesen Text, besonders in einem Kontext wie diesem? Lassen Sie uns zuerst eines der Probleme der Vergangenheit ansprechen, nämlich die so genannte »Überwindungstheorie«, durch die die jüdischen Schriften als »ersetzt« gelten durch das Christentum. Die, die nach uns kommen und den Anspruch erheben, Israels Nachfolger zu sein, mögen sich mit dem Partikularismus von Bibelstellen wie dieser befassen. Dafür gibt es ja eine Reihe von Strategien.

Die erste ist, einfach zu behaupten, dass eine solche Stelle sich auf einen alten Bund bezieht, der durch den neuen Bund überholt und ungültig wurde; sie kann daher in die letzten Seiten verbannt und ignoriert werden.

Eine zweite Herangehensweise ist es, davon auszugehen, dass die, die danach kommen, in Wirklichkeit das neue »Israel« sind und dass alles, was über das alte Israel gesagt worden ist, ganz einfach für sie gelte. Bei diesem Versuch wird oft eine selektive Methode angewandt, d.h., man geht davon aus, dass die negativen Dinge, etwa die Attacken der biblischen Propheten auf Israel, sich auf das alte Israel beziehen, während all die schönen Dinge und Verheißungen den Neuankömmlingen gelten. Aber das ist nur menschlich. Man muss schon in seiner Religiosität sehr gefestigt sein, um die kritischen Bibelstellen ebenso zu akzeptieren wie die angenehmen. Übrigens ist diese Art Selbstkritik eine der großen Gaben der Hebräischen Bibel an die religiöse Welt.

Aber hinter all diesen Zugangsmethoden und noch weiteren mehr steht die grundlegende Annahme einer unausweichlichen Rivalität zwischen dem Neuen und dem Alten. Die danach kommen, vertreten eine neue »Wahrheit«, die nur wahr sein kann, wenn das, was vorher war, falsch ist. Diese Ansicht ist nicht einfach eine Sache, die die Welt der Gedanken angeht, sie ist auch immer verknüpft mit Fragen von Macht und Politik. In einer solchen Situation muss es zu Konflikten kommen, denn jede Seite beansprucht das Besitzrecht sowohl über die Texte selbst als auch über das, was sie als deren authentische Bedeutung ansehen. Alles andere ist schlicht unwahr oder – und das ist noch gefährlicher, wenn es aus dem tiefen Inneren des neuen Systems kommt – Häresie. Hinzu kommt: Wenn die früheren »Eigentümer« dieser Texte dann zufällig auch noch ganz in der Nähe sind mit ihrer eigenen, ganz anderen Deutung, obwohl sie ja eigentlich längst hätten verschwinden müssen, dann stellen sie eine extreme Gefahr dar, die beseitigt werden muss.

Heute leben wir in einer Welt der enormen Umwälzungen, besonders was die Beziehungen zwischen den drei monotheistischen Religionen angeht. In vielen Gebieten mag es noch Differenzen geben und innerhalb der Religionen mag es quälende innere Konflikte geben, aber zumindest ein Problem ist ihnen gemeinsam: Sie müssen sich behaupten in einer zunehmend säkularen Welt. (Das wird natürlich öfter als woanders im Westen laut ausgesprochen.) Interreligiöser Dialog bietet vor allem die Möglichkeit, sich gegenseitig zu stärken, und weniger, über die Rivalitäten der Vergangenheit nachzudenken.

Noch ein anderes Problem ist uns gemeinsam: Die von uns in unserer eigenen Gemeinschaft vertretenen Wahrheiten sind »absolut« für viele, aber nur »relativ« für viele andere, und das gleichzeitig. Es liegt in der Natur der modernen Gesellschaft, alle Glaubensoptionen zu relativieren, und das wiederum führt zu konservativen Reaktionen. Wichtig aber ist, dass keiner von uns heute noch in einer privaten inneren Welt lebt, die isoliert ist von anderen Glaubenswelten und anderen Kräften in unserer Gesellschaft. Wir alle richten horchend unsere Ohren gegenseitig auf die anderen aus in unserem globalen Dorf. Die Zeiten sind vorbei, als wir noch innerhalb unserer Gemeinschaft das eine sagen konnten und etwas ganz anderes zu Menschen, die außerhalb waren. Das geht nicht mehr, denn die Massenkommunikation macht dies unmöglich; ausgenommen sind da höchstens die Gemeinschaften, die mit allen Mitteln versuchen, andere Ideen als die eigenen von ihren Mitgliedern fernzuhalten.

Deshalb gilt: Was immer wir irgendwo im Namen unserer Religion heute sagen, hat eine Zuhörerschaft weit außerhalb. Das gab es früher nicht. Und das bedeutet: Wir können nicht mehr mit der angeblichen Minderwertigkeit anderer Religionen argumentieren, um unsere Überlegenheit zu beweisen. Kurz gesagt: Wir müssen ein ganzes Sortiment neuer Interpretationsmethoden entwickeln, die im Einklang sind mit unserer eigenen Tradition, die aber auch der sich neu entwickelnden Partnerschaft mit den »anderen« in der notwendigen Wahrhaftigkeit entsprechen.

Ein Teil dieses Prozesses muss die Anerkennung der unterschiedlichen Herangehensweisen in unserer je eigenen Tradition mit einschließen. Und so möchte ich zum Schluss kommen, indem ich auf zwei radikal verschiedene Herangehensweisen an biblische Texte wie diesen hinweise, die innerhalb der jüdischen Gemeinschaften heute koexistieren können.

Da gibt es diejenigen, die solche Texte so buchstäblich wie möglich nehmen. Wenn der Text sagt, dass Gott in Jerusalem jubeln wird, so heißt das für sie ganz schlicht, dass sein Volk eben wieder dort ist. Das ist eine spirituelle und politische Realität, die wir in unseren Tagen erfahren haben und die spirituelle und politische Macht benötigt, um sicherzustellen, dass sie für immer währt. Was die mehr universalen Aspekte betrifft, so können wir uns traditionellen Interpreten zuwenden, wie etwa Maimonides, der alle diese übernatürlichen Elemente – wie etwa das Zusammenleben feindlicher Tiere – als Metaphern gedeutet hat, also als Bilder, die im übertragenen Sinne zu verstehen sind; als Metaphern, die beschreiben, wie kriegführende Nationen in nächster Nachbarschaft Israels friedlich nebeneinander leben können.

Am anderen Ende des jüdischen Spektrums wären dann diejenigen, die es vorziehen, einen solchen Text ganz und gar zu meiden, weil sie darin einen engführenden und gefährlichen Partikularismus sehen. Doch würden auch sie allzu gern die Erklärung des Maimonides teilen, nämlich die Vision der benachbarten Nationen, die in Frieden zusammenleben. Sie würden die Frage stellen, wer denn in einer solchen Bibelstelle wohl mit dem »Volk Gottes« gemeint ist. Muss es auf Israel beschränkt werden? Oder könnten nicht, wie in einer früheren Prophezeiung bei Jesaja 2, alle Nationen gemeint sein, die nach Jerusalem hineinströmen werden, um die Thora von Gott zu hören? Wenn sie ihre Schwerter zu Pflugscharen umbiegen werden und keiner fortan für den Krieg trainiert?

Zwischen solchen Wegen, auf denen man sich den Texten nähern kann, gibt es zweifellos noch viele andere, obgleich sie alle die innere Spannung dieser Textstelle ansprechen müssen, die Spannung zwischen ihrer universalistischen und ihrer partikularistischen Vision.

Wie solche Verschiedenheit anerkannt werden kann und was eine solche Anerkennung für die Dialogsituation bedeutet, das ist eine Herausforderung, über die noch zu sprechen sein wird.

An die Adresse der Muslime

Mohammed eint – Mohammed scheidet
Eine jüdische Sichtweise

Man stößt auf eine Reihe von Schwierigkeiten, wenn man versucht die Auffassungen über den Propheten Mohammed im jüdischen Leben zu erkunden. Unvermeidlich sind einige davon politischer oder teilweise politischer Art. Als Jude, der seit vielen Jahren versucht, in den Dialog mit Muslimen einzutreten, bin ich mir der politischen Belange bewusst, die gegenwärtig jede jüdische Meinung über den Islam und die Person Mohammeds umgeben und die letztendlich mit dem Konflikt im Mittleren Osten verbunden sind. Ohne dass man es möchte, kann man Juden und Muslime gleichermaßen beleidigen, in Wut und allgemeine Aufregung versetzen, welche Position man auch immer beziehen mag. Dies wird, was immer ich sage, das vermutlich unvermeidliche Ergebnis sein, und das gibt mir eine eigenartige Freiheit. Trotzdem: Was ich zum Thema sage, wird wahrscheinlich anders verstanden werden, als ich es mir wünsche, und das ist für den Anfang eine traurige Feststellung.

Aber davon abgesehen: Einige dieser Probleme würden selbst dann entstehen, wenn ich über führende geistige Persönlichkeiten innerhalb des Judentums sprechen würde, vom Gründer einer bedeutenden anderen Religion ganz zu schweigen. Und zwar wären sie abhängig davon, inwieweit ich mich dieser Person ausschließlich von einem traditionellen Standpunkt nähern würde und wie weit ich diesen verlassen müsste für eine historische Rekonstruktion ihres oder seines Lebens. Dieser Unterschied in der Herangehensweise ist die große Trennungslinie, die heute bis ins Zentrum des Judentums hineinreicht. Der Traditionalist fühlt sich verpflichtet, in einer manchmal sehr selektiven, aber immer aufrichtig gemeinten Art und Weise, die Tradition als eine Wahrheit zu verteidigen, die nicht in Frage zu stellen ist. Der Historiker nimmt dieselben Traditionen und betrachtet sie als *eine* Arbeitsgrundlage unter vielen, mit deren Hilfe er wahrheitsgemäß ermitteln kann, »wie es wirklich war«. Beide operieren mit einer Reihe ziemlich klar umrissener Annahmen, an denen sie manchmal mit der gleichen unkritischen Überzeugung festhalten. Als jemand, dem der interreligiöse Dialog sehr viel bedeutet, möchte ich die religiösen Empfindlichkeiten der Muslime durch meine Aussagen über den Propheten Mohammed nicht verletzen, dennoch fordert der Historiker in mir ein gewisses Maß an Distanz bei der Betrachtung des jüdisch-muslimischen Verhältnisses und der Auffassungen über den Propheten Mohammed, die daraus in der Vergangenheit entstanden sind.

Vom rein historischen Standpunkt ist es offensichtlich, dass in einer so heiklen Angelegenheit wie dem Verhältnis zwischen Juden und Muslimen, wie es sich durch Aussagen im Koran und in späteren muslimischen Lehrschriften darstellt, beide Seiten eine jeweils andere Interpretationsschiene verfolgen werden, ganz unabhängig von den aktuellen politischen Themen, die unsere beiden Glaubensgemeinschaften betreffen. Auch wenn historische Daten und Fakten großenteils objektiv verifizierbar sind: Jedes historische Urteil, das aus ihnen abgeleitet wird, ist ganz unvermeidlicherweise unvollständig oder fehlerhaft und ganz sicher voreingenommen. Kein leichtes Forschungsgebiet!

Mit dem folgenden Abriss von Erwin I.J. Rosenthal möchte ich einen jüdischen historischen Ansatz von heute darstellen. Er ist voller Bewunderung für die Errungenschaften sowohl des Islam wie auch des Judentums, aber sogar er macht aus jüdischer Sicht einige kritische Anmerkungen zu Mohammed:

> »Schon oft ist festgestellt worden, dass es wenig oder überhaupt nichts substantiell Neues in den grundlegenden Ideen des Islam gibt. Sie können sämtlich auf das Judentum oder das Christentum zurückgeführt werden, seien es normative Elemente oder Vorstellungen aus dem nichtkanonisierten Bereich. Aber, als Ganzes ge-

sehen, ist der Islam nicht einfach nur die Gesamtsumme aus einem oder mehreren seiner Vorläufer. Das Genie Mohammeds, seines Gründers, vermischte die verschiedenen Zutaten so, dass etwas Neues, etwas Frisches, von seinen Quellen Verschiedenes, entstand. Eine starke Persönlichkeit voller Überzeugung für seine Aufgabe, entschlossen, unbeirrbar, gerissen und hinterhältig, wo es um die Juden geht, schuf aus bewährten Ideen und Vorstellungen eine neue Weltreligion, die seine dynamischen Nachfolger in schneller Abfolge einem Land nach dem anderen auferlegten, das ihren vorrückenden Armeen unterlag. Wäre es anders gekommen, hätte der Islam das Schicksal so mancher jüdischer oder christlicher Sekten geteilt. Obgleich ein großer Teil dessen, was er predigte, der arabischen Denk- und Lebensweise zuwider lief, entsprach es doch im Wesentlichen der damaligen religiösen Sehnsucht der Araber, die genügend einflussreiche Unterstützung erlangten, um den Islam in Arabien durchzusetzen und weit darüber hinaus zu verbreiten. Es war also weniger der geliehene Inhalt als vielmehr die Art und Weise, *wie* er ihn seinen Arabern präsentierte, die zählte. Unter seinen Händen wurde das Material umgeformt, bis es dem Temperament seiner Landsleute angemessen war und der Situation in Arabien entsprach. Die soziale und wirtschaftliche Situation war dabei eine nicht geringere Hilfe für Mohammeds Botschaft als die allgemeine geistige Unzufriedenheit. Um diese noch zu verstärken, verwies er unermüdlich auf das bevorstehende göttliche Urteil, das nur bestanden oder möglicherweise abgewendet werden könnte durch einen radikalen Bruch mit dem vorherrschenden Heidentum und durch die ausschließliche Verehrung und Hingabe an Allah« (Rosenthal S. 3f.).

Diese Auffassung von Mohammed als dem historischen Begründer einer religiösen Bewegung bringt uns zum Kern eines zweiten Problems, dem wir gegenüberstehen. Auch wenn diese Tagung sich dem Titel nach mit der Person Mohammeds beschäftigt, ist das zugrunde liegende Thema doch das Verhältnis der beiden anderen monotheistischen Religionen zum Islam. Diese Unterscheidung ist notwendig aufgrund eines besonderen Paradoxons, das ich innerhalb des Islam sehe und das anzusprechen für einen Außenstehenden ebenfalls nicht leicht ist.

Auf der einen Seite ist die Person Mohammeds selbst von größter Bedeutung: Er ist der Prophet, durch den Gott die Offenbarung verkündete. Seine persönliche Geschichte, die

Reisen, die er unternahm, die Bündnisse, die er schloss, die Auseinandersetzungen, die er erlebte, sie alle waren Faktoren, die zu weiteren, ziemlich konkreten Offenbarungen führten. Darüber hinaus wird argumentiert, dass im Gegensatz zu den zeitlich früheren jüdischen und christlichen Schriften die historische Wahrheit des Heiligen Koran schon deshalb unbezweifelbar ist, weil die Hintergrundereignisse so gut dokumentiert sind.

Auf der anderen Seite aber bestehen die Muslime darauf, dass sie »Muslime« sind und nicht »Mohammedaner«, nicht Anhänger des Menschen Mohammed, sondern diejenigen, die sich Allah unterstellt haben. Also war Mohammed in seiner physischen Wirklichkeit und den Einzelheiten seines Lebens eine notwendige Voraussetzung dafür, dass es überhaupt zu einer Offenbarung kommen konnte, und gleichzeitig darf man seine Person nicht verwechseln mit der eigentlichen Quelle der Offenbarung.

Juden haben so ziemlich die gleichen Schwierigkeiten mit Moses aufgrund der mythischen Natur der Traditionen, die sein Leben umgeben. Die jüdische Tradition beharrt darauf, dass Moses nur ein menschliches Wesen war, lediglich das Werkzeug, durch das das unvermittelte Wort Gottes zu uns kam. Das Problem wird dargestellt in der Pessach Haggada, der Erzählung vom Auszug aus Ägypten, die während der häuslichen Feier an den beiden Abenden des Festes gelesen wird. In der Haggada haben die Rabbiner streng darauf geachtet, jeden Hinweis auf die Beteiligung von Moses an den Ereignissen des Auszugs zu vermeiden, weil sie darauf bestehen, dass all das einzig allein und direkt von Gott bewirkt wurde, ohne jede menschliche Vermittlung. (Die Tatsache, dass Moses ein einziges Mal in einem Bibel-Verweis erwähnt wird, betont seine Abwesenheit von den wesentlichen Ereignissen noch, insbesondere wenn man seine wichtige Rolle in der biblischen Erzählung selbst berücksichtigt.) Alles das illustriert noch deutlicher, wie schwierig es für einen Außenstehenden, der kein Islamgelehrter ist, sein muss, herauszufinden, wie man die Figur Mohammed am besten bewältigt, wo doch diese Frage zweifellos Gegenstand vieler interner Debatten und Interpretationen ist. Soll man sich ihm und seinen Leistungen annähern über die historische Person, deren Leben und Werk bewertet und beurteilt werden kann, oder über den Propheten, der gewissermaßen in den Hintergrund tritt, damit die Offenbarung Gottes einfach erscheinen kann? Mir ist klar, dass aus traditioneller muslimischer Sicht eine solche Unterscheidung kaum festzustellen ist.

Sobald wir uns mit einzelnen Texten der Offenbarung beschäftigen, entsteht eine zusätzliche Herausforderung. Diese wurde mir deutlich, als bei einer Konferenz ein junger Palästinenser erklärte, er tue sich schwer mit den Erzählungen über Abraham und Ismael in der Hebräischen Bibel. Er fragte mich, wie er sich denn wohl mit dem jüdischen Volk identifizieren könne, wo er doch von Ismael abstamme, der als Kind von Hagar verstoßen wurde, die ihrerseits von Abraham weggeschickt worden war. Für Juden ist es ein Schock festzustellen, dass biblische Erzählungen, die wir als mit der Vergangenheit verbunden betrachten, heute noch, insbesondere für andere, Relevanz besitzen können. Wir vergessen, dass viele die Hebräische Bibel für einen aktuellen Bericht über jüdisches Leben und jüdische Werte halten. Im Mittelalter verwendeten Juden die Figur Ismaels, wenn sie ihre Ansichten über die arabische Welt und den Islam diskutierten, so wie sie Esau verwendeten, um ihr Verhältnis zum Christentum zu diskutieren. In manchen traditionellen jüdischen Kreisen wird das so auch heute noch praktiziert, trotzdem hat diese Assoziation für die meisten wohl kaum eine Bedeutung, und nur wenige würden überhaupt verstehen, warum man Abrahams Umgang mit Hagar und Ismael rechtfertigen sollte. Aber umgekehrt gilt das so nicht für den Heiligen Koran, dessen Botschaft heute sehr viel unmittelbarer lebendig ist.

Hiermit komme ich zu einem der heikelsten und schlimmsten Punkte im Verhältnis zwischen dem Judentum und seinen »Tochterreligionen«. Die Juden haben sich daran gewöhnt, im christlichen Neuen Testament angegriffen und verleumdet zu werden. Natürlich macht der Umstand, dass man sich daran gewöhnt, die Sache kein bisschen akzeptabler oder angenehmer. Trotzdem sind die Anschuldigungen, die Juden hätten Christus getötet, und all die schrecklichen Folgen, die daraus entstanden, bis zur und einschließlich der Schoa, seit langem Teil unseres westlichen Bewusstseins. Diejenigen von uns aber, die im Dialog mit Christen stehen, wissen, dass in der Folge des Zweiten Vatikanums erhebliche Anstrengungen zu einer Neuinterpretation dieser Texte unternommen wurden, um ihnen das Gift zu entziehen.

Wenn aber wir Juden zum ersten Mal mit dem Koran in Berührung kommen oder die Rhetorik einiger Muslime hören, die vorgeben sich auf ihn zu stützen, sind wir schockiert und verständlicherweise erschrocken über das, was da über uns gesagt wird. Ich möchte das Problem mit einem Zitat aus dem »Handbuch zu den Inhalten des Koran« von Faruq Sherif verdeutlichen. Ich kann die hier vorgestellten Materialien nicht bewerten, außer dass sie einfach eine Darstellung der Inhalte des Heiligen Koran zu sein scheinen, die sich – ohne Werturteil – an eine muslimische Leserschaft wendet. So schreibt er zum Beispiel über die Ausweisung der Nadir:

> »Kein anderes Ereignis ist im Koran so ausführlich kommentiert worden wie die Vertreibung des jüdischen Stammes der Nadir aus Medina. Kurz nach der Schlacht von Uhud im Jahre 625 erachtete Mohammed es für notwendig Geldmittel aufzutreiben, um damit die drückendsten Verpflichtungen aus einer Blutfehde zu begleichen. Zu diesem Zweck besuchte er die Juden der Nadir. Während der Zusammenkunft mit dem Stammesrat kam ihm plötzlich der Verdacht, dass man ein Komplott schmiedete, um ihn zu töten. Abrupt verließ er das Treffen und zögerte keinen Augenblick, dem Stamm ein Ultimatum zu setzen, wonach sie Medina innerhalb von zehn Tagen zu verlassen hatten. Der Stamm erhob zunächst Einspruch, in der Erwartung, ihre Verbündeten würden ihnen zu Hilfe eilen. Aber als das nicht geschah und die Muslime ihre Festung belagerten und anfingen die Palmen anzuzünden und zu entwurzeln, da entschlossen sie sich zur Aufgabe. Innerhalb weniger Tage verließen sie ihre Unterkünfte und ihr Land, luden ihre Habe und ihren beweglichen Besitz auf 600 Kamele und zogen weg …« (Sherif, S. 108).

Im Folgenden zitiert der Autor einige Verse aus der Sure 59, die diese Episode erhellen:

> Über göttliche Hilfe bei der Verursachung der Aufgabe der Juden: »Er war es, der die Ungläubigen im Volk des Buches aus ihren Wohnstätten vertrieb ...« (Sherif, S. 108).
>
> (Ich finde es bemerkenswert und ein bisschen tröstlich, wenn hier von den »Ungläubigen im Volk des Buches« die Rede ist und an anderer Stelle von »einigen aus dem Volk des Buches«. Eine solche Unterscheidung ist immerhin besser als eine Rundumverdammung.)

Viel schlimmer ist der folgende Abschnitt über die Auslöschung des jüdischen Stammes Qurayza:

> »Vers 26 und 27 der Sure 33 behandeln die Auslöschung des jüdischen Stammes Qurayza. Sie scheinen die Fortsetzung der Verse zu sein, die sich auf die Schlacht der Bundesgenossen beziehen, denn während dieser Schlacht verhielten sich die Juden in einer Weise, die dazu führte, dass sie der Verschwörung mit dem Feind beschuldigt wurden. Aufgrund dieser Anschuldigung bekamen sie es mit der Angst zu tun, und noch an demselben Tag, an dem die Belagerung aufgehoben wurde, verbarrikadierten sie sich in ihrer Festung, etwa drei Meilen östlich von Medina. Der Prophet befahl die Belagerung, die 25 Tage lang andauerte. Sie baten darum in Frieden abziehen zu dürfen, aber der Prophet bewilligte dies nicht und befahl, dass ihr Schicksal durch einen Schlichter bestimmt werden solle. Dieser, der Führer des Stammes Aus, der mit den Juden alliiert war, fällte sein Urteil auf der Grundlage des alttestamentarischen Rechts, wie es in Deuteronomium 20,13 und 14 niedergelegt ist. Dies bedeutete die Auslöschung des Stammes. In den Versen 26 und 27 der Sure 33 sagt der Koran: ›Gott jagte ihren Herzen Schrecken ein, so dass ihr einen Teil von ihnen getötet habt und einen Teil gefangengenommen habt. Er machte euch zu den Herren ihres Landes, ihrer Häuser und ihres Besitzes und auch von Ländereien, die ihr vorher nicht betreten hattet.‹ Bei der Feststellung, ›einige‹ seien getötet worden, handelt es sich um einen Euphemismus. Alle Historiker sind darin einig, dass alle männlichen Angehörigen des Stammes, mindestens 600 an der Zahl, über die Klinge springen mussten, ihre Frauen und Kinder als Sklaven verkauft wurden und ihr gesamter Besitz konfisziert wurde« (Sherif, S. 111).

Karen Armstrong diskutiert eben dieses Ereignis in ihrem Versuch einer geneigten westlichen Darstellung des Lebens von Mohammed und stellt dort die unausweichliche Analogie her:

»Wahrscheinlich ist es für uns völlig unmöglich, diese Geschichte von den Nazi-Greueln abzusetzen, und es ist unvermeidbar, dass sie viele Leute Mohammed unwiderruflich entfremdet. Aber westliche Wissenschaftler wie Maxime Rodinson und W. Montgomery Watt argumentieren, es sei nicht zulässig, den Vorfall an den Maßstäben des 20. Jahrhunderts zu messen. Damals handelte es sich um eine sehr primitive Gesellschaftsform – weit primitiver als die jüdische Gesellschaft, in der 600 Jahre zuvor Jesus gelebt und seine Lehre von Barmherzigkeit und Liebe verbreitet hatte. Zu diesem Zeitpunkt hatten die Araber keinerlei Vorstellung von der Idee eines universalen Naturrechts, die zu erlangen für ein Volk schwierig ist – und vielleicht unmöglich – solange es nicht wenigstens einen Hauch von öffentlicher Ordnung gibt, so wie sie von einem großen Reich in der antiken Welt eingeführt wurde ... Im frühen siebten Jahrhundert konnte man von einem arabischen Stammesführer nicht erwarten, dass er Verrätern wie Qzraisa Gnade gewährte« (Armstrong, S. 208).

Im Folgenden beschreibt Armstrong zu Recht das Schreckliche dieser Episode, stellt aber auch heraus, dass sie nicht das letzte Wort in Mohammeds Verhältnis zu den Juden darstellt.

»Sogar zu Mohammeds Zeit verblieben kleinere Gruppen von Juden nach 627 in Medina und durften dort in Frieden und ohne weitere Repressalien leben« (Armstrong, S. 209).

Und dann schreibt sie über die Religionsfreiheit, die die Juden, die unter Muslimen lebten, bis in dieses Jahrhundert und bis zur Gründung des Staates Israel genossen, und sie schlussfolgert:

»Die Juden haben unter dem Islam niemals so gelitten wie unter dem Christentum. Die antisemitischen Mythen Europas wurden in den Mittleren Osten eingeführt am Ende des letzten Jahrhunderts von christlichen Missionaren, und sie wurden im allgemeinen von der Bevölkerung verachtet. Aber in jüngster Zeit haben sich einige Muslime auf diejenigen Passagen des Koran besonnen, die über die aufständischen jüdischen Stämme von Medina sprechen, und sie neigen dazu, die viel zahlreicheren Verse, die in positiver Weise über die Juden und ihre großen Propheten sprechen, zu ignorieren. Dies ist eine völlig neue Entwicklung in der 1200-jährigen Geschichte guter Beziehungen zwischen Juden und Muslimen« (Armstrong, S. 209).

Aus jüdischer Sicht kann diese Episode natürlich nicht einfach beiseite gelassen werden. Rosenthal stellt Mohammeds Verhalten ganz anders dar:

»Nachdem es Mohammed nicht gelungen war, die jüdischen Stämme für seine neue Religion zu gewinnen, setzte er sie einem grausamen Krieg aus, und sie mussten ihre Weigerung, ihm zu folgen, mit dem Tod oder im Exil bezahlen. Viele Araber, und ganz besonders diejenigen, die in freundlichen Beziehungen zu diesen jüdischen Stämmen standen, bedauerten Mohammeds Verrat, den er erst beging, nachdem er stark genug geworden war, um sich an den Juden zu rächen. Zunächst hatte er die Juden von Medina als Bundesgenossen willkommen geheißen und im Bund von Medina erschienen sie als *umma*, die gemeinsam mit den ›Gläubigen‹ die *umma* des Islam bilden. Alle Mitglieder dieser Gemeinschaft standen zueinander in einer Beziehung von *dhimma*, gegenseitiger Schutzbefohlenheit« (Rosenthal, S. 6f.)

Rosenthal fährt fort:

»Dieser Begriff, *dhimma*, erfuhr eine interessante Verengung zu ›unter Schutz stehende Gemeinschaftsmitglieder zweiter Klasse‹, und später wurde er ganz begrenzt auf das ›Volk des Buches‹« (Rosenthal, S. 7).

Noch mehr wäre zu sagen über den Status der *dhimmi*. Aber das führt uns nur weiter weg von der Aussage, die ich zu diesen ausgewählten Episoden machen möchte, und von der Tatsache, dass sie ihren Platz haben in einem Dokument göttlicher Offenbarung. Denn damit sind sie offen für jeden zum Gebrauch – und zum Missbrauch –, wenn derjenige nur überzeugt ist, dass solche Handlungsweisen Verhaltensmodelle sind, von Gott befohlene Modelle, die auch heute wieder angewendet werden können. Es ist die Verfügbarkeit solcher Passagen, die die Einstellungen und tragischen Bluttaten zulassen und sogar sanktionieren, die heute einige im Namen des Islam ausführen. Dies ist eine weitere Ermahnung daran, dass keine Schriftinterpretation eine gänzlich objektive oder neutrale Wissenschaft sein kann. Die Interpretation und Anwendung der Schrift liegt letztlich in den Händen derer, die die Macht haben ihre Ansichten durchzusetzen, und ihre Auswahl der Passagen wird ihrerseits ebenso sehr durch die gegenwärtigen politischen Realitäten wie durch die geistigen Werte bestimmt. Das erklärt, warum es bei Juden Besorgnis auslöst, wenn heute von islamistischen Gruppierungen Antisemitismus gepredigt wird in Gegenden, die so weit auseinander liegen wie das Hochland von Afghanistan und die Universitätsgelände in England. In seiner Studie über diese Entwicklung folgert Martin Kramer:

> »Jetzt, wo sich der arabisch-israelische Friedensprozess entwikkelt, verstrickt sich die islamische Welt immer mehr in eine beispiellose Debatte über die Juden – darüber, ob Muslime mit ihnen jemals in Frieden leben können oder sollen. Das Ergebnis dieser Debatte kann man unmöglich vorhersagen. Im Verlauf werden wir Worte hören, die uns ermutigen und Worte, die uns beunruhigen werden. Insbesondere die Islamisten werden mehr und mehr das sagen, was uns beunruhigt, denn für sie geht es hier um ihre Weltanschauung als Ganzes« (Kramer, S. 8).

Damit stellt sich heute für die jüdische Welt die Frage, inwieweit Muslime im Stande sein werden, an den Koran mit demselben kritischen Urteilsvermögen und demselben Bewusstsein für seine Wirkung auf Juden heranzugehen, wie dies die Christen hinsichtlich der antijüdischen Einstellungen, die sich im Neuen Testament finden, zu tun begonnen haben. Wäre ein solcher Interpretationsansatz des Koran möglich, unabhängig oder vielleicht trotz der Situation im Mittleren Osten? Oder anders gesagt: Es besteht kein Zweifel, dass ohne eine zufriedenstellende Lösung des israelisch-palästinensischen Konfliktes weiterhin alle negativen Ansichten von Juden im Koran herangezogen und benutzt werden, die den Konflikt damit nur weiter anheizen. Könnte die bewusste Unterstützung der positiven Verse über die Juden bei der Entstehung einer Gegenposition helfen und neuen Ansätzen und Versuchen zur Versöhnung Raum bieten? Kurz gesagt: Könnte wenigstens einmal die Religion dazu beitragen, einen politischen Konflikt zu entschärfen, statt ihn weiter anzuheizen? Traurigerweise drückt schon die Frage die Unwahrscheinlichkeit dieser Möglichkeit aus. Ein solcher Ansatz bedürfte der maßvollen Stimme der Religion, die in unserer Zeit selten ist und schwierig aufrechtzuerhalten angesichts des Hasses, der Feindseligkeit und der Gewalt, die so oft im Namen des »wahren« Glaubens gefördert werden.

Vom Mittleren Osten ganz abgesehen, gibt es eine tiefere Ebene dieses Problems der Schriftanwendung. Verständlicherweise sind Juden hier besonders empfindlich, waren sie doch Gegenstand von Erklärungen und Werturteilen sowohl der christlichen wie der islamischen Schriften. Hinter der Haltung gegenüber Juden, wie sie im Neuen Testament zum Ausdruck kommt, steht ein Familienstreit innerhalb der jüdischen Welt jener Zeit. Was als sowohl religiöse wie politische Auseinandersetzung begann, wurde zu einem polemischen Streit, insbesondere da, wo man sich an ein breiteres Publikum wandte. Aber in diesem Moment ereignete sich etwas radikal Neues: die Instrumentalisierung der Juden zur Förderung des neuen Glaubens. Der »Jude« wird zur symbolischen Figur, ein Repräsentant des Bösen, durch die unvermeidliche Namenszuschreibung des Judas, dessen, der Gott leugnete und verriet. Während dies im Kontext der frühchristlichen Rhetorik verständlich ist, fühlt es sich aus jüdischer Perspektive ganz anders an, denn wir haben diese Rolle nicht gewählt, sie wurde uns aufgezwungen. Unsere Individualität und unsere Menschlichkeit sind dabei verlorengegangen. Stattdessen wurden wir zum »Symbol«, in diesem Fall des inakzeptablen »anderen«, gefangen in jemand anderes ideologischer Konstruktion vom Gang der Welt. Es ist ein kleiner Schritt bis hin zur Dämonisierung dieses »anderen«, dieses Was-auch-immers, das dem endgültigen Sieg des Guten über das Böse im Weg steht, und von dort ist es ein noch kleinerer Schritt hin zur Schikane und, wie wir in diesem Jahrhundert gesehen haben, zum Völkermord.

Es ist natürlich nicht notwendig, das Thema in solchen Extremen zu behandeln. Trotzdem ist es offensichtlich, dass der Christ, der den Juden und das Judentum nur durch das Prisma des Neuen Testamentes sieht, nichts weiß vom wirklichen Juden in Fleisch und Blut. Sogar eine wohlwollende Darstellung ist nicht wirklich ehrlich und sie reduziert sowohl die Menschlichkeit dessen, der dargestellt wird, wie auch dessen, der darstellt. Es ist Ironie, dass sich heute die Christen dem gleichen Problem mit den Muslimen gegenüber sehen, das die Juden von den Christen kennen. Denn die Muslime, die das »Volk des Buches« nur durch das Prisma des Koran und der späteren Tradition sehen, haben eine ähnlich beschränkte Sichtweise. Wahrscheinlich würden viele traditionell eingestellte Muslime dies verneinen, wie das auch traditionell eingestellte Christen getan haben, denn hier geht es ja nicht um eine distanzierte, objektive Wahrnehmung des »anderen«, sondern um die Aufrechterhaltung einer Wahrheit über den »anderen«, wie sie in einem Text von Gott offenbart wurde. Aber gerade die Auswirkungen der Moderne und insbesondere der Globalisierung und wachsenden Interdependenz der Völker werden eine Auseinandersetzung mit diesen Widersprüchen erzwingen. Der interreligiöse Dialog erfordert, dass wir den »anderen« in seiner Eigenheit wahrnehmen und nicht nur die Projektionen, die wir ihm auferlegen, so sehr wir auch daran hängen mögen und so sehr unsere jeweiligen Schriften sie auch bestätigen mögen. Wiederum wird die Bedeutung der Schriftinterpretationen, die einer sich verändernden menschlichen Situation angemessen sind, zu einem entscheidend wichtigen Anliegen, verbunden mit dem politischen Willen, sie zu fördern.

Solche Angelegenheiten sind niemals einseitig und als Jude muss ich auch zugestehen, dass es auf der Grundlage unserer historischen Erfahrung, aber auch unserer verschiedenen ideologischen Positionen verschiedene Weisen gibt, darunter auch einige sehr problematische, wie heute Juden Christen und Muslime sehen. Ich werde darauf später zurückkommen, aber ich muss doch betonen, dass ich dieselbe selbstkritische Verantwortlichkeit, die ich unter meinen christlichen und muslimischen Dialogpartnern zu finden hoffe, auch für mich und meine jüdische Gemeinschaft übernehmen muss.

Auch jüdische Schriften müssen kritisch überprüft werden, denn das Verfahren, den »anderen« als solchen zu identifizieren und schließlich zu dämonisieren, ist auch dort zu finden. Einige Stellen in Deuteronomium, wo die Auslöschung der Einwohner des Landes Kanaan gefordert wird, mögen zum Zeitpunkt ihrer Entstehung hypothetische Konstruktionen gewesen sein, zumindest aus historischer Sicht. Darüber hinaus haben spätere rabbinische Interpretationen ihnen weitgehend die Grundlage entzogen. Und tatsächlich konnten sie während der 2000 Jahre des Exils nur als abstrakte Konzeptionen angesehen werden. Trotzdem schaffen sie mit göttlicher Rechtfertigung eine Rhetorik der Gewalt, die ihr Echo findet in den Schriften der beiden Tochterreligionen. Auch diese stehen heute zur Verfügung und beflügeln die Phantasie der Juden, die für die gegenwärtigen Auseinandersetzungen im Mittleren Osten nur gewalttätige Lösungen sehen. Juden sind nicht in der Position, von anderen zu verlangen, die Interpretation der Ideen in ihren Schriften zu verändern, solange wir nicht gleichermaßen bereit sind, die Probleme anzuerkennen, die unseren Interpretationen innewohnen. Diese Themen sind eine Herausforderung für alle unsere Traditionen und sie sind gegenwärtig im tiefsten Inneren des Unternehmens Dialog.

Irgendwie scheine ich ans Ende meiner Darlegungen gelangt zu sein, ohne direkt auf frühere jüdische Ansichten von Mohammed und dem Islam eingegangen zu sein. Vieles davon ist offensichtlich und gut dokumentiert. Zweifellos haben sich Judentum und Islam gegenseitig in erheblichem Maß beeinflusst. Der Koran und die Hebräische Bibel haben eine ganze Reihe von Personen gemein, die sie als Propheten erachten: Moses, Aaron, Abraham, Lot, Noah, David und Salomon, Ijob, Ismael und Idris (Enoch) (Sure 21. Die Propheten). Der Größte unter ihnen ist Abraham, und Mohammeds Auftrag ist es, die reine Religion des Abraham wiederherzustellen (Rosenthal, S. 15). Der Vorteil von Abraham ist es nun, dass er zeitlich vor Moses liegt, und damit vor dem Judentum, und Jesus, und damit vor dem Christentum, eine Rückkehr zu den Ursprüngen und eine Hingabe an Gott. Nicht nur sind die biblischen Gestalten und ihre Geschichten im Koran zu finden, sondern auch einige der Ausschmückungen im rabbinischen Midrash.

Aber auch diese Nähe ist in sich selbst schon wieder eine Quelle zusätzlicher Schwierigkeiten. Am deutlichsten wird das wiederum durch die Figur Abrahams und die Frage, welcher seiner beiden Söhne, Isaak oder Ismael, als sein geistlicher Nachfolger zu betrachten sei. Reuven Firestone fasst das Problem so zusammen:

> »Der jüdischen Tradition zufolge ist Ismaels Geschichte für die heilige Geschichte des Volkes Gottes irrelevant geworden. Die heilige Geschichte ruht in der Linie Isaaks. Aber dem Islam zufolge ist Ismael der Abkömmling von Gottes größtem Propheten, der eines Tages sein Volk zu Gottes Herrschaft auf Erden führen wird. Die heilige Geschichte der Erlösung der Menschheit durch die Unterwerfung unter den Islam ruht ganz in der Linie Ismaels.
>
> Die jüdische und die islamische Version der Legende von Abraham und seinen Nachkommen sind ein klassisches Beispiel dafür, wie zwei religiöse Traditionen verschiedene und sogar miteinander konkurrierende Geschichten über die gleichen paradigmatischen Charaktere erzählen« (Firestone, S. 44).

Firestone kommt zu folgenden Schlüssen über die beiden voneinander abweichenden Traditionen:

> »Jede monotheistische Religion entwickelte eigene, auf Ausschließlichkeit beruhende Verteidigungsstrategien gegen die Ansprüche der anderen. Die jüdische und die christliche Tradition neigten dazu, die islamischen Ansprüche als Irrtum zu betrachten, oder als Versuch, die religiöse Wahrheit im Namen der neuen weltlichen Macht des Islam zu verzerren. Die islamische Tradition ihrerseits neigte zu der Auffassung, die jüdischen und christlichen Ansprüche seien lediglich das Ergebnis eines manipulativen Umgangs mit dem Text der Offenbarung, der ursprünglich eindeutige Prophezeiungen bezüglich der Ankunft Mohammeds und des Aufstiegs des Islam enthielt« (Firestone, S. 45).

Auch das ist ein Thema, das man im Kontext des heutigen interreligiösen Dialoges betrachten muss. Aber es ist wichtig zu sehen, dass selbst so scheinbar unvereinbare Unterschiede nicht verhinderten, dass zwischen Juden und Muslimen eine ganz außergewöhnliche, symbiotische Beziehung entstand, insbesondere in den Jahrhunderten des »Goldenen Zeitalters« in Spanien, mit bemerkenswerten Ergebnissen: den Dichtungen, religiös wie säkular, von Yehuda Halevi und zahllosen anderen jüdischen Schriftstellern, der Philosophie des Maimonides und anderer, der biblischen Gelehrsamkeit von Abraham Ibn Ezra, auf der Grundlage der Arbeiten von Grammatikern der hebräischen Sprache vor und zu seiner eigenen Zeit, der Kodifizierung und Systematisierung des jüdischen Rechts, der Schriften zur Ethik, der mystischen Spekulationen, um die Abhandlungen zu Medizin, Astronomie und anderen Wissenschaften nicht zu erwähnen. Sie alle und viele weitere sind das Ergebnis der Herausforderung, die der Islam für das Judentum darstellte und die mit der notwendigen jüdischen Antwort eine neue Synthese entstehen ließ, die Teil eines prächtigen und hoch einflussreichen Vermächtnisses wurde.

Rosenthal beschreibt dies wie folgt:

> »Die religiösen und ›weltlichen‹ Wissenschaften des Islam im Mittelalter haben Juden, die unter seinem Einflussbereich lebten, zu außerordentlichen intellektuellen Leistungen angeregt, die schließlich zu der ersten systematischen Darstellung jüdischer religiöser und ethischer Werte führte. Juden haben ihre eigenen religiösen Wissenschaften kultiviert, die sie fest etablierten oder entwickelten oder, wie beim Recht, konsolidierten, und kommenden Generationen von Juden, unsere eigene eingeschlossen, hinterließen. Obgleich ihre Form zeitgebunden ist, so ist doch ihr Inhalt von dauerhaftem Wert. Juden im Mittelalter, unter islamischer Herrschaft, lieferten desgleichen einen wichtigen Beitrag zu den Naturwissenschaften und zur Philosophie als unabhängige Schüler der muslimischen Schüler der griechischen und hellenistischen Meister. Dem Westen haben sie dieses griechisch-hellenistische Erbe in einer Form übergeben, die immerhin ausreichte, um den Boden für die Renaissance zu bereiten und westliche Denker und Gelehrte zu den klaren Quellen griechischen und hellenistischen

> Denkens zu führen. Muslime und Juden brachten die Medizin, die Wissenschaft und die Philosophie in beachtlicher und dauerhafter Weise voran« (Rosenthal, S. 46f.).

Aber wie haben die Juden in dieser früheren Zeit den Islam selbst als offenbarte Religion wahrgenommen? Rabbi Dr. Norman Solomon zitiert vier »mittelalterliche jüdische Modelle der interreligiösen Beziehungen«, aber er ist ziemlich deutlich in der Beschreibung der Umstände, die sie hervorbrachten:

> »Über mehr als anderthalb Jahrtausende galt das Judentum dem Christentum als ›verachtenswerte Religion‹, und das war fast ebenso lang auch in der islamischen Welt so. Man gestatte Juden zu überleben, gestattete ihnen prinzipiell, wenn auch in der Praxis nicht immer, die Religion ihrer Väter auszuüben, aber man verbot ihnen, das auch offen zu tun, und Tod oder noch Schlimmeres drohte ihnen, sollten sie es wagen anderen anzubieten, was sie selbst für die Wahrheit Gottes hielten.
>
> Aber es war eben diese Stellung in Unterwerfung, die Juden im Mittelalter zwang, ihre Haltung gegenüber den ›anderen Glaubensauffassungen‹, dem Christentum und dem Islam, zu formulieren ohne die unmittelbare Erwartung, selbst zum vorherrschenden Glauben zu werden. Aus dieser Notwendigkeit entstand eine Tugend, nämlich den Status quo zu rechtfertigen, die Tatsache, dass Gott es zuließ, dass andere Religionen blühten« (Solomon, S. 4).

Rabbiner Solomon spricht innerhalb dieses Kontextes von vier Modellen:

> »1. Die anderen Religionen werden als Götzendienst aufgefasst, wenn auch nicht ganz so schlimm wie in biblischen Zeiten. Sie sind einfach die Erben einer in die Irre gegangenen Tradition und können nicht verantwortlich gemacht werden für ihre Glaubensauffassungen und Praktiken.
>
> 2. Sowohl das Christentum wie auch der Islam befinden sich im Irrtum, bereiten aber dennoch den Weg für den Messias. Dies ist die Auffassung von Jehuda Halevi (etwa 1075-1141) in den Kuzari und wird von Maimonides klar beschrieben: Die Lehre dessen von Nazareth (Jesus) und des Mannes von Ismael (Mohammed), die nach ihm entstand, helfen der gesamten Menschheit zur Vollkommenheit, so dass sie Gott in einem Sinn dienen mag. Denn insofern

die ganze Welt voll der Rede vom Messias ist, von Worten der Heiligen Schrift und der Gebote, so haben sich diese Worte verbreitet bis ans Ende der Welt, selbst wenn viele ihnen zur gegenwärtigen Zeit ihren bindenden Charakter absprechen. Wenn der Messias kommt, werden alle von ihren Irrwegen zurückkehren.

3. Das dritte Modell wird einem Rabbi aus der Provence zugeschrieben, Menahem Hameiri (gestorben um 1315), der seine christlichen Nachbarn nicht als Götzenverehrer bezeichnen wollte und daher den Begriff der ›durch die Wege der Religion verbundenen Nationen‹ prägte. Damit wären größere Möglichkeiten für die Akzeptanz ihrer Art zu leben gegeben, was praktische Auswirkungen für die alltäglichen Begegnungen hatte.

4. Das vierte Modell ist das radikalste, das des jemenitischen jüdischen Philosophen Nethanel ibn Fayyumi (gestorben um 1164). Er schreibt: Da Gott den Propheten Offenbarung sandte vor der Thora, wird nichts ihn davon abhalten, auch danach Propheten Offenbarung zu senden, damit die Welt nicht ohne Religion bleibt. So kam die Offenbarung zu Mohammed, ganz speziell für die arabischen Völker. Dies ist zwar die radikalste und positivste Sichtweise anderer Glaubensauffassungen, aber auf das jüdische Denken hatte sie nur geringen Einfluss.«

Gibt es heute eine jüdische Position zu Mohammed und dem Islam? Natürlich ist es nie möglich, von *einer* jüdischen Position zu sprechen, schon gar nicht in Bezug auf ein so sensibles Thema. Ich muss erwähnen, dass ich als britischer Jude aus der aschkenasisch-osteuropäischen Tradition, die nur wenig direkte Berührung mit dem Islam hatte, dem Thema mit einem gewissen Grad an Neutralität begegnen kann. Dies trifft so nicht zu für die sephardischen Juden, zumindest für diejenigen, deren Ansichten zum Islam durch die unmittelbaren persönlichen Erfahrungen geprägt werden, also in diesem Jahrhundert vor allem durch negative. Eine der häufig anzutreffenden Annahmen sephardischer Juden in Israel ist, sie allein wüssten Bescheid über die arabische Welt. Trotzdem kommt es zu ziemlich divergenten Ansichten, von offenem Misstrauen und Feindschaft bis hin zu einem fast sentimentalen Verlangen nach einer Art Freundschaftsbeziehung, nach gegenseitigem Respekt und nach Loyalität, so wie sie in dieser besonderen Lage in früheren Generationen existierten. Aber gerade diese zuletzt genannten Positionen werden im Licht der gegenwärtigen politischen Wirklichkeit im Mittleren Osten eher beiseite gelassen, was zu einer sehr negativen Sichtweise des Islam führt, und es ist klar, dass sie weder durch die Politik Israels noch die der arabischen Staaten und schon gar nicht durch Terrorakte besser werden kann.

In gewisser Weise, von einigen individuellen Ausnahmen abgesehen, haben Israel und die jüdische Welt der Diaspora sich Zeit gelassen, mit dem Islam die Art von Dialog zu suchen, wie sie mit dem Christentum immer geläufiger wird. Natürlich kam die Initiative zum als Letztes genannten weitestgehend von christlicher Seite als Teil einer kritischen Neubesinnung nach dem Holocaust. Ein solcher Anlass besteht in der muslimischen Welt offensichtlich nicht, und insbesondere die politische Situation spricht sehr gegen wie auch immer geartete Dialogbemühungen. Man hätte von Seiten des israelischen Staates eine viel stärkere Anstrengung erwarten können, den Dialog mit dem Islam in Gang zu bringen, um so Alternativen zu der konfrontationsreichen politischen Situation zu finden. Teilweise wurde das verhindert durch die Besetzermentalität des Staates, aber es gibt auch andere Gründe. Dazu gehört die Tatsache, dass die Gründer und Führer des Staates Israel überwiegend aschkenasischen Ursprungs waren, ein Hintergrund, der eine Haltung westlicher kultureller Überlegenheit miteinschloss, die manche bis heute aufrechterhalten und die auch ihre Einstellung zu den eigenen sephardischen Mitbürgern prägt. Ein radikales Umdenken ist daher erforderlich, das noch immer erst in Teilen begonnen hat, trotz der ersten Anfänge einer Annäherung in der arabischen Welt in der Folge des Friedensprozesses. Sicherlich gibt es Kernthemen, die ohne ein viel größeres Verständnis des Islam und einen intensiveren Dialog niemals richtig angegangen werden können. Zum Beispiel können die israelischen Intentionen hinsichtlich der Zukunft von Jerusalem nie irgendeine Hoffnung auf Erfolg haben, solange man die Bedeutung der Stadt für den Islam nicht berücksichtigt, wie schwierig es auch immer sein mag für Juden, dies zu verstehen und zu akzeptieren.

In Israel gibt es bedeutende akademische Institute für islamische Studien und auf verschiedenen Gebieten auch die Ansätze für einen Gelehrtenaustausch. Aber im gängigen israelischen Bewusstsein, so wie es in der Literatur zum Ausdruck kommt, stellt man einen völligen »Mangel an Realität« fest, um den Titel eines Aufsatzes von Glenda Abramson zu zitieren, wenn es um die Beschreibung der Araber oder des Islam geht. Sie beschließt ihren Überblick über die Darstellung der Araber in der israelischen Literatur seit der Gründung des Staates so:

> »Zusammenfassend lässt sich sagen, dass die Literatur, die arabische Personendarstellungen enthält, fast ausschließlich eine Reaktion auf die politischen Ereignisse ist: auf Krieg und die israelische Besatzung. Ausnahmen sind die Erzählungen und Romane von David Shahar und Samy Michael, die eine realistische Darstellung bieten der Beziehungen zwischen arabischen und palästinensischen Gemeinschaften in Israel und der Beziehungen zwischen ihnen und den Juden. Dennoch: Wenn wir eine Darstellung des Islam in der hebräischen Literatur suchen, dann werden wir keinen Erfolg haben. Wie wir gesehen haben, vermeidet es die Literatur insgesamt, die religiösen und historischen Ursprünge des arabisch-israelischen Konfliktes zu untersuchen, und präsentiert stattdessen nur eine introspektive Antwort auf sein momentanes Ergebnis. Im besten Fall ist die Entfaltung der Araber und ihrer Erfahrung vage und subjektiv, im schlimmsten Fall stark tendenziös. Radikale Literatur macht kaum den Versuch, den Islam zu verstehen oder eine umfassende Sichtweise der Religion und ihrer Imperative zu bieten. In ihrer Darstellung der Araber verarbeiten die Autoren Probleme, die für sie selbst und die israelische Gesellschaft kennzeichnend sind ... Vielleicht überlassen es die Autoren dem Leser, aus den Verallgemeinerungen, die sie bieten, einen Begriff vom Wesen des Islam abzuleiten: die Hirtenmentalität der Araber, ihre historische Religiosität, ihre Liebe zu ihrem Heimatland, ihr Schmerz über seinen Verlust. Dieses Porträt ist in unfairer Weise reduktionistisch und hat mehr mit den ontologischen Voraussetzungen der Juden selbst zu tun« (Abramson, S. 16).

In der westlichen Diaspora sind bereits Ansätze zum dialogischen Prozess gemacht worden, manchmal im Kontext eines Trialoges, der die drei monotheistischen Religionen umschließt. Aber das zu bewältigende Gebiet ist riesig, und der

Prozess steckt noch in seinen Kinderschuhen. Immer läuft er Gefahr, zur Geisel der Ereignisse im Mittleren Osten zu werden. Dies macht es umso wichtiger, dass Kanäle für Kommunikation und Erkundungen offen gehalten werden und Bereiche gegenseitigen Verständnisses und Vertrauens errichtet werden. In diesem Dialog ist die Figur Mohammeds nicht wirklich zentral. Vielmehr werden die inneren Kämpfe um zeitgemäße Ausdrucksformen des Islam und islamischer Identität in einer sich schnell verändernden Welt darüber entscheiden, ob sein Vermächtnis die drei monotheistischen Religionen einen oder scheiden wird.

Bibliographie

Glenda Abramson, *The Absence of Reality. Islam and the Arabs in Contemporary Hebrew Literature.* In: Studies in Muslim-Jewish Relations Vol. 1. Hg. Ronald L. Nettler (Harwood Academic Publishers in cooperation with the Oxford Centre for Postgraduate Hebrew Studies 1993).

Karen Armstrong, Muhammad: A Western Attempt to Understand Islam (Viktor Gollancz Ltd, London 1991).

Reuven Firestone, *Abraham, The First Jew or the First Muslim? Text, Tradition, and ›Truth‹ in Interreligious Dialogue.* In: Shalom/Salaam: A Resource for Jewish-Muslim Dialogue. Hg. Gary M. Bretton, Andrea Granatoor, L. Weiss (UAHC Press, New York 1993, S. 37-51).

Martin Kramer, The Salience of Islamic Fundamentalism. Institute of Jewish Affairs Reports No. 2, Oktober 1995.

Erwin J.J. Rosenthal, Judaism and Islam (Popular Jewish Library, Thomas Yoseloff, New York 1961).

Faruq Sherif, A Guide to the Contents of the Qur'an.

Norman Solomon, Jewish Sources for Religious Pluralism. A Paper delivered at the Amman Dialogue, 7.-9. November 1997.

An die Adresse der Juden

Die Herausforderung des interreligiösen Gesprächs[7]

Die Rabbinen lehrten, dass *ma'aseh avot siman l'vanim*, dass das »Handeln der Väter«, der Gründergenerationen des jüdischen Volkes, Vorbild für ihre Nachfahren sein sollte. Daher stammt die jüdische Gewohnheit, bei jedem neuen Unterfangen nach Präzedenzfällen in der Tradition zu suchen. Auf dem Gebiet des interreligiösen Gesprächs scheint die vielleicht geringste Aussicht zu bestehen, einen solchen Präzedenzfall zu finden, insbesondere, wenn man sich die Haltung der Bibel zu den meisten Nachbargesellschaften und den anhaltenden Kampf gegen den Götzendienst vor Augen führt. Und trotzdem finden wir nur zwei Kapitel nach der Berufung Abrahams die erste interreligiöse Begegnung, die in unserer Tradition belegt ist: Der Patriarch trifft Melchizedek, den König von Salem, der seinen Gott, El Elyon, bittet, Abram zu segnen.

Der Dialog, der sich daran anschließt, ist sorgfältig aufgebaut. Abram antwortet nicht direkt dem Melchizedek, sondern spricht stattdessen zum König von Sodom. Er schwört

7. Die World Union for Progressive Judaism ist eine Dachorganisation für die verschiedenen reformorientierten, liberalen, rekonstruktionistischen oder unabhängigen Synagogen und Bewegungen. Als Rektor des Leo Baeck College, dessen Absolventen in vielen Gemeinden der World Union arbeiten, bin ich gleichzeitig einer der Vizepräsidenten der Organisation und werde ab und zu eingeladen, bei einer der alle zwei Jahre stattfindenden Zusammenkünfte zu sprechen. Aus Anlass des Treffens in Paris am 2. Juli 1995 wurde ich gebeten, auf einer unserer Sitzungen über unsere Verantwortung für den interreligiösen Dialog zu sprechen. Es ist ein interessantes Beispiel dafür, wie man zu den »eigenen Leuten«, unter Berufung auf eigene Traditionen, über die Bedeutung dieses Unterfangens spricht.

einen Eid auf »Adonay El Elyon« und verbindet damit den Namen, den Melchizedek verwendet, mit dem ihm vertrauten Namen für den Gott, der ihn berief. Es ist zwar denkbar, dass der Gottesname »Adonay«, Israels Bezeichnung für Gott, an dieser Stelle erst bei einer späteren Textfassung in apologetischer Absicht eingefügt wurde, aber der Text, der uns heute vorliegt, sagt aus, dass Abram in Melchizedeks El Elyon, dem »höchsten Gott«, einen anderen Namen für den Gott erkennt, dem zu folgen er alles aufgegeben hat. Ungeachtet all ihrer sonstigen Unterschiede gewähren sich diese beiden, Abram und Melchizedek, bei ihrer Begegnung gegenseitige Unterstützung und Segen im Namen desselben Gottes. Die Möglichkeit zu einem echten interreligiösen Dialog wird also gleich zu Beginn der biblischen Aufzeichnungen, bei der Geburt des jüdischen Volkes, angezeigt.

Abram und Melchizedek begegnen sich auf theologischer Ebene. Moses und Jethro dagegen sind nicht nur direkt miteinander verwandt, sie arbeiten auch in eher praktischer Weise zusammen. Moses verdankt dem Jethro die politische und rechtliche Infrastruktur, die es ihm erst ermöglicht, die Israeliten in der Zeit der Unsicherheit zu führen. Das heißt, die beiden Gestalten, die die Anfänge des jüdischen Volkes und seiner Religion prägten, Abram und Moses, sind entscheidende Zeugen für die Möglichkeit und die Bedeutung interreligiöser Unterfangen, sowohl auf geistiger wie auf praktischer Ebene.

In keiner der beiden Episoden war der Anstoß zum Dialog ein primär theologischer. Das Gespräch mit Melchizedek findet im Kontext einer durch den Kriegsverlauf entstandenen Verbindung statt; Jethros Beziehung zu Moses ist das Ergebnis einer Allianz, die im politischen Exil entstand. Konkrete, praktische Bedürfnisse haben den Wunsch nach menschlichem Kontakt und gegenseitiger Anerkennung entstehen lassen und die Beziehung zueinander definiert. In der Folge dehnen sie sich dann auch auf den religiösen Bereich aus. In keinem der beiden Fälle entsteht jedoch eine Art neuer religiöser Symbiose. Israel bleibt auch weiterhin Israel, die anderen beiden Völker setzen ihren eigenen Weg fort. Die einzige Spur ihrer Existenz wurde in unserer Überlieferung bewahrt.

Diese Beobachtungen können für das schwierige Gebiet des interreligiösen Dialoges eine Perspektive abstecken. Ich sage schwierig im Hinblick auf den Gegenstand selbst, der tatsächlich alles andere als einfach ist. In den Zeiten, in denen das jüdische Leben durch äußere Mächte bestimmt wird, ist ein solcher Dialog fast nicht möglich. Die Frage stellt sich dann ohnehin kaum, es sein denn aus einer eher theoretischen Neugier heraus oder als Vision einiger Privatgelehrter. Aber eine gewisse Form des Austausches fand immer dann statt, wenn Juden in verhältnismäßig offenen Gesellschaften lebten, und das trifft in besonderem Maß auf unsere Zeit zu.

Der Unterschied besteht heute darin, dass frühere Gesellschaften auf religiösen Traditionen aufbauten, die dazu beitrugen, Unterschiede aufrecht und Gemeinschaften auseinander zu halten. Heute aber sind die offenen Gesellschaften in so hohem Maß säkular, dass innere religiöse Widerstände eine Assimilation nicht länger verhindern. Es ist ohne weiteres möglich, aus der jüdischen Welt quasi auszutreten, ohne deshalb irgendwo anders eintreten zu müssen. Wenn wir sehen, wie unsere Mitgliederzahlen schrumpfen, erscheint es geradezu widersinning, in interreligiöse Aktivitäten zu investieren. Dazu kommen die physischen und psychologischen Wunden, die die Schoa hinterlassen hat. So erklärt sich die Tendenz, die gegenwärtig viele jüdische Gemeinden haben, sich viel stärker nach innen als nach außen zu orientieren, Fortbestand und Kontinuität gleichsam als Selbstzweck in den Mittelpunkt zu stellen und jeden bewussten Versuch, mit anderen Glaubensgemeinschaften in Beziehung zu treten, mit Argwohn zu betrachten. Wir neigen zwar oft zu der Ansicht, dass wir unseren eigenen, jüdischen Weg gehen, doch in dieser Hinsicht entspricht unser Verhalten ganz und gar den allgemeinen Entwicklungen in der Welt. Mehr und mehr Gruppen von Menschen innerhalb größerer Gesellschaften streben danach, sich selbst als separate ethnische oder religiöse Gemeinschaften oder Nationalitäten zu definieren. Und so wogt eine Welle religiösen Eifers – gepaart mit harten politischen Zielen – ringsum in der Welt. Unter solchen Umständen sind die aktuellen Unternehmungen zum interreligiösen Gespräch bedrohter denn je. Der interreligiöse Dialog ist in besonderer Weise das Metier der liberalen religiösen Bewegungen. Eine Herausforderung an das eine stellt deshalb immer gleichzeitig auch eine Herausforderung an das andere Element dar. Es gibt Kräfte innerhalb wie außerhalb der jüdischen Welt, die die Legitimität des religiösen Dialoges in Frage stellen, die selben Kräfte, die die Legitimität unserer eigenen religiösen Ausrichtung innerhalb der *World Union* in Frage stellen.

Und trotzdem: Es ist offensichtlich, dass wir in einer gemeinsamen Welt leben, die in mancherlei Hinsicht auch kleiner wird, und in der wir uns der wechselseitigen Abhängigkeiten der ganzen Menschheit immer bewusster werden. Innerhalb dieser Wirklichkeit kommt den großen Weltreligionen eine wichtige Rolle zu. Wenn man sich aber die bisherigen Ergebnisse ansieht, dann erscheint unglücklicherweise eine destruktive Rolle ebenso wahrscheinlich wie eine positive. Auch sollten wir nicht von irgendeiner besonderen Überlegenheit des Judentums ausgehen. Für jedes universal gültige Zitat, das wir aus viertausend Jahren jüdischer Tradition hervorholen können, lassen sich Entsprechungen finden, die nicht weniger intolerant sind als das, was wir überall sonst auch finden. Wenn unser Minderheitenstatus unter christlichen und muslimischen Herrschern über viele Jahrhunderte hinweg dazu beigetragen hat, einerseits unserem Bewusstsein, im Besitz der absoluten Wahrheit zu sein und andererseits dem Wunsch, unsere Wahrheit anderen aufzuzwingen, in Grenzen gehalten hat, dann entstanden seit der Wiedererrichtung des Staates Israel innerhalb des Judentums durchaus triumphalistische Tendenzen, die in der politischen Macht Rückhalt finden und daher aufmerksamer Kontrolle bedürfen.

Hans Küng hat in seiner hervorragenden Untersuchung zur religiösen Lage unserer Zeit die in dieser Hinsicht dreifache Herausforderung gut definiert:

Kein Friede zwischen den Nationen
ohne Frieden zwischen den Religionen.
Kein Friede zwischen den Religionen
ohne Dialog zwischen den Religionen.
Kein Dialog zwischen den Religionen
ohne Untersuchung der Grundlagen der Religionen.

Küngs Manifest könnte sehr gut eine Formel des progressiven Judentums sein. Insbesondere das letzte Element stellt einen der Punkte da, aus denen das Reformjudentum seinen Ausgangspunkt genommen hat – die wissenschaftliche Untersuchung der Ursprünge des Judentums und der Versuch herauszufinden, welche Teile der Tradition nach der Aufklärung noch aufrechterhalten werden konnten. Unnötig zu betonen, dass für viele, die diese ideologische Position nicht teilen, dies der problematischste Teil von Küngs Manifest sein muss. Aber auch auf der Basis der ersten beiden Axiome allein kann im breiteren Bereichs des Judentums schon viel getan werden.

Was sind die Implikationen einer solchen Herangehensweise an andere Religionen? Zuallererst können wir nicht länger billige Vergleichsmethoden anwenden, um auf eine behauptete jüdische Überlegenheit anzuspielen. Aber das wird unsererseits noch viel erzieherische Arbeit erfordern und ebenso große Anstrengungen bei der Überarbeitung unserer Textbücher. Das üblicherweise verwendete negative Klischeebild ist hier das Christentum, was aufgrund der jüdischen Erfahrungen über zwei Jahrtausende hinweg auch verständlich ist. Aber angesichts der Bemühungen, die breite christliche Kreise nach dem Krieg unternommen haben, um die Grundlage ihres Verständnisses vom Judentum neu zu interpretieren, ist es für uns nicht länger ausreichend, bestimmte christliche Glaubensinhalte, die zudem nicht immer gut verstanden werden, gleichsam wie Schießbudenfiguren aufzubauen, die wir dann ins Visier nehmen können. Tatsächlich geht diese Sache nämlich sehr viel tiefer.

In den letzten Jahrzehnten erschienen eine ganze Reihe christlicher Erklärungen, vor allem von den Kirchen in Deutschland, der katholischen wie der evangelischen, in denen diese versucht haben, ihre Sichtweise vom Judentum und vom jüdischen Volk neu zu formulieren, auch was die verzwickte Frage des jüdischen Anspruches auf das Land Israel angeht. Trotz aller Rückschläge kann man darin einen ernst zu nehmenden Versuch von teshuva, von Umkehr und Reue sehen, ein Bedauern der Vergangenheit mit ihren schrecklichen Folgen während der Nazizeit, und den Wunsch, so etwas nie wieder geschehen zu lassen. Ich weiß aber von kaum einem Versuch, auch jüdischerseits in ähnlicher Weise ein neues Verständnis vom Christentum zu entwickeln, die Stellung des Christentums innerhalb der jüdischen Religionsauffassung neu zu bestimmen und entsprechende Richtlinien auszuarbeiten. Sicherlich spiegelt das den Mangel an zentralen Autoritäten innerhalb der jüdischen Welt wider. Aber trotzdem gibt es genügend Juden, sowohl in Israel wie auch in der Diaspora, die über ausreichende Erfahrungen im interreligiösen Bereich verfügen, um diesen Versuch zu unternehmen. Der Versuch allein wäre bereits ein wichtiger Beitrag zu gegenseitigem Verständnis und Respekt. Möglicherweise ist dies eine Aufgabe, für die sich die *World Union for Progressive Judaism* in besonderer Weise eignet.

Das Fehlen einer eigenen, aktuellen theologischen Formel zur Bedeutung der anderen Religionen ist ein klarer Hinweis darauf, dass jenseits des Reichtums an rabbinischem und theologischem Fachwissen in unseren jüdischen Seminaren und akademischen Institutionen, diese Belange in überraschender, ja vielleicht gefährlicher Weise ausgeklammert bleiben. Ich möchte das aus einer anderen Perspektive verdeutlichen. Ich erinnere mich an eine Konferenz in den frühen Tagen des jüdisch-christlich-muslimischen

Dialogs in Europa, bei der einer der Referenten eine Art Checkliste vorlegte, in der die Eigenschaften bestimmter religiöser Glaubensrichtungen aufgeführt wurden. Genannt wurden beispielweise »soziale Gerechtigkeit«, »Reinheit des monotheistischen Glaubens«, »Beibehaltung authentischer Traditionen« und so weiter. Dann überprüfte er die drei monotheistischen Religionen anhand dieser Kriterien und stellte fest, was niemanden überraschte, dass nämlich seine eigene Religion allen Anforderungen entspreche, während die beiden anderen auf einem oder gleich mehreren Gebieten Defizite aufwiesen. Es war eine naive Übung, aber sie unterschied sich in nichts von dem, was wir in unserem alltäglichen Gespräch übereinander anwenden – wir stehen einfach nur deshalb besser da, weil wir unsere Kriterien selbst auswählen, ohne uns die Mühe zu machen, die inneren Zusammenhänge des anderen Glaubens, gegen den wir »angehen«, zu verstehen.

Da wir in einer Welt mit religiösem Pluralismus und religiöser Verschiedenheit leben, hat das auch zur Folge, dass wir derlei Erklärungen nicht länger abgeben können, ohne die Empfindlichkeiten des anderen, über den wir diskutieren und den wir eingeladen haben, unsere Gespräche anzuhören, ebenfalls in Betracht zu ziehen. Diejenigen, die Erfahrung im interreligiösen Gespräch haben, wissen, dass es von diesem Punkt an einen unsichtbaren Partner gibt, der immer anwesend ist und der wie eine neues Superego auf unsere manchmal auch etwas übertriebenen Ansprüche und zweifelhaften Vergleiche achtet.

Zunächst mag das wie eine Art selbst auferlegter Zensur erscheinen, die womöglich die aufrichtige Diskussion unterschiedlicher Auffassungen verhindern könnte, aber das ist ja nicht der Fall. Es bedeutet nur, in unseren internen Diskussionen über andere vorsichtiger und bescheidener zu werden – und zu verstehen, daß die Probleme, die uns trennen, nur in Gegenwart des anderen angemessen behandelt werden können. Wir begreifen allmählich, dass wir bisher über die Freunde hinter ihrem Rücken geredet haben und dass das nicht länger akzeptiert werden kann. Die im Hofetz Hayyim geübte Kritik an Tratsch und Verleumdung gilt für andere religiöse Traditionen nicht weniger als für den privaten Bereich.

Daraus ergeben sich Folgen für die Ausbildung unseres religiösen Führungspersonals. Unsere Rabbinerseminare sollten alle Christentum und Islam unterrichten, um uns so auf eine angemessene Rolle innerhalb der pluralistischen Welt von heute vorzubereiten. Diese Fächer sollten aber nicht nur von unseren eigenen jüdischen Gelehrten unterrichtet werden, so gut deren Absichten auch sein mögen, sondern zumindest in Kooperation mit Autoritäten, die selbst diesen anderen Traditionen angehören. Diese Vorbedingung für unsere Beziehungen zu anderen Glaubensgemeinschaften sollten gerade wir akzeptieren, die wir die Verzerrungen des Judentums beklagen, die von anderen vermittelt werden. Dialog beginnt zu Hause.

Folgende Themen stellen sich unmittelbar, sobald wir uns ernsthaft auf den Prozess des interreligiösen Dialoges einlassen. Das erste ist ein Paradoxon. Meine Erfahrung in der gemeinsamen Arbeit mit Muslimen hatte eine merkwürdige Auswirkung. Als wir mit der Arbeit begannen, hatten wir das große Glück, einem pakistanischen Muslim zu begegnen, dem in besonderer Weise daran gelegen war, dass sich sein Volk in Großbritannien gut etablierte. Obgleich er ein traditionell eingestellter Muslim war, umgangssprachlich könnte man sagen, ein Fundamentalist im positiven Sinn, der an den fundamentalen Prinzipien seinen Glaubens festhielt, hieß er dennoch die Gelegenheit zum Dialog mit uns willkommen. Diese Tatsache allein ist ein wichtiger Hinweis darauf, dass Aufgeschlossenheit anderen gegenüber auch eine Frage des Temperaments ist und ein Schubladendenken mit Aufschriften wie »orthodox« oder »progressiv« weit hinter sich lässt. Aber um eine gemeinsame Grundlage für das Gespräch zu finden, mussten wir jüdischerseits erst zu einer eigenen Sprache für solche Glaubensfragen finden und zu Themenstellungen, die weit von dem entfernt sind, woran wir als die netten, progressiven Juden gewöhnt waren. Wie weit wir auf diesem Weg gekommen sind, wurde mir klar, als wir mit einem Freund, der Dominikaner ist, indisch – in diesem Fall vegetarisch – essen gingen. Anscheinend verbrachten mein muslimischer Kollege und ich die erste halbe Stunde damit, Methoden des rituellen Schlachtens miteinander zu vergleichen, was unserem dominikanischen Freund sein Mittagessen wohl etwas verdorben hat.

Auf einem höheren Niveau mussten wir uns über das Gebiet des Glaubens und des Gebetes aneinander annähern, einfach weil wir die vertraute Art und Weise, über Theologie und Identität zu sprechen, die so sehr im Mittelpunkt innerjüdischer Debatten steht, nicht teilen. Daher kommt es, dass Gottesdienste in unserer Dialogarbeit der letzten 25 Jahre einen so herausragenden Platz eingenommen haben. Wir begegnen einander im Schweigen und in der Gemeinsamkeit von Glauben und Frömmigkeit, jenseits der unmittelbaren und oft erheblichen Differenzen. Aber der Punkt, um den es hier geht, ist folgender: In dem Moment, in dem ich meine eng abgesteckten, liberalen Auffassungen von Religion ausdehnte, um auf den anderen zugehen zu können, wurde es mir auch möglich, die Erfahrungen meiner eigenen orthodoxen Kollegen und die Themen, die sie beschäftigen, besser nachzuvollziehen. Eine der Nebenwirkungen von Dialog ist die Öffnung für alle möglichen Dimensionen von Toleranz, die nach innen wie nach außen wirken können – und innerhalb der jüdischen Welt sind wir auf solche Chancen dringend angewiesen.

Die Folgen gehen aber noch weiter. Alle Religionen beschäftigen sich letztendlich in der einen oder anderen Weise mit sämtlichen Aspekten menschlicher Wirklichkeit. In jeder Religion aber werden die Akzente ein wenig anders gesetzt. Eine Auswirkung des interreligiösen Gesprächs besteht nun eben darin, dass wir unsere eigene Tradition aus einer neuen Perspektive sehen und verborgene oder sogar verlorene Dimensionen entdecken, die in der Vergangenheit zugänglich waren und die wir heute für uns wieder entdecken können. Die Qualität des religiösen Lebens unserer Dialogpartner ist für uns eine Anregung und Herausforderung und deshalb eine Hilfe, unsere eigene Tradition auf der Suche nach dieser Qualität immer besser zu erforschen. Darüber hinaus werden wir auch gezwungen, über die enge Weltsicht hinauszukommen, die wir unvermeidlich haben, weil ein so großer Teil des jüdischen Denkens auf sich selbst zurückweist und gänzlich introvertiert ist. Wir brechen aus den Ghettos aus, in die wir uns selbst gebracht haben.

Die folgenden Grundzüge einer Annäherung an den Dialog mögen nicht neu sein, aber sie sind die Grundlage meiner Erfahrung aus mehr als fünfundzwanzig Jahren auf den Gebieten des jüdisch-christlichen, aber vor allem des jüdisch-muslimischen Dialoges.

Natürlich sind die Gruppen zu Beginn des Dialogprozesses weit voneinander entfernt, möglicherweise bestehen zwischen ihnen auch Konfliktfelder, aber das muss nicht gleich zu Beginn direkt angesprochen werden. Ganz im Gegenteil, sie sollten bewusst und in gegenseitiger Übereinstimmung zunächst beiseite gelassen werden. Es ist deswegen wichtig, in dieser frühen Phase eine neutrale Instanz einzuschalten, die dabei hilft, die Grundregeln festzulegen und einzuhalten. Es ist viel hilfreicher, gemeinsame Probleme zu erkennen und zu vergleichen, wie wir mit ihnen vor dem Hintergrund unserer jeweiligen Tradition umgehen. In einem solchen Umfeld, in dem entstandenen »sicheren Freiraum«, treten Unterschiede und Ähnlichkeiten automatisch hervor. Darüber hinaus entsteht so die Möglichkeit zur persönlichen Begegnung und Anteilnahme, die dann der Schlüssel zur weiteren Zusammenarbeit sind.

Diese kurze Beschreibung soll einen möglichen Ansatz verdeutlichen, uns aber auch dabei helfen, die dialogrelevanten Eigenschaften festzulegen, die wir mitbringen müssen, damit das Gespräch auch eine Wirkung hat. Gerade weil wir den »progressiven« Teil der jüdischen Welt repräsentieren, kommt uns in besonderer Weise die Aufgabe zu, im interreligiösen Dialog Pionierarbeit zu leisten und ihn beständig zu fördern. Unsere Offenheit und Flexibilität geben uns die Freiheit, an der Schnittstelle zur »Außenwelt« zu arbeiten. Darüber hinaus sollten unsere liberalen Traditionen uns mit einigen wertvollen Eigenschaften ausstatten, die wir in den Dialogprozess einbringen können. Damit meine ich insbesondere eine Art von Bescheidenheit, die es uns ermöglicht, erst zuzuhören, bevor wir meinen, eine Antwort – oder ein Urteil über das Gehörte – geben zu müssen. Unsere Verpflichtung gegenüber den Werten der Aufklärung sollte uns die nötige Distanz und Klarheit verschaffen, um gerade dort Verständnis zu schaffen, wo so viel Fehlinformation und Verwirrung existiert. Unser Mangel an falschem Stolz sollte es uns auch möglich machen, Kritik und Selbstkritik anzunehmen, denen man unweigerlich ausgesetzt ist, wenn wir einander ehrlich begegnen. Die Herausforderung des interreligiösen Dialoges besteht vor allem darin, in uns selbst die geistigen Ressourcen zu finden, die nötig sind, um Vertrauen, Freundschaft und Liebe in Situationen entstehen zu lassen, in denen Furcht und Misstrauen im Übermaß vorhanden sind.

Als Bewegung insgesamt sollten wir den Mut haben, zum gegenseitigen Verständnis der Religionsgemeinschaften unseren spezifischen Beitrag zu leisten.

Predigen im interreligiösen Kontext

Das Geheimnis der roten Färse

Nach einer beliebten jüdischen Überzeugung kann die Antwort zu einem bestimmten Problem, das sich uns stellt, in der wöchentlichen Lesung der Thora gefunden werden. Trotzdem muss gesagt werden, dass einige Lesungen in dieser Hinsicht hilfreicher sind als andere. Heute haben wir eine zusätzliche Lesung aus dem Buch Numeri, das diesem Sabbat seinen besonderen Namen – Sabbat Parah – gibt. Doch auf den ersten Blick scheint der Inhalt dieser besonderen Lesung überhaupt nicht hilfreich zu sein. Der Abschnitt handelt von einer Reihe spezieller Vorschriften für den Priester Elasar, der eine rote Färse, eine junge Kuh schlachten und verbrennen soll, um dann die Asche in einem Reinigungsritus zu gebrauchen. All dies gehört in eine entfernte Welt. Aber darin liegt ja die Herausforderung, dass man versucht, dem Ganzen einen Sinn abzugewinnen.

Der Abschnitt selbst ist überaus detailliert, aber ganz klar. Die Kinder Israels müssen sich eine junge Kuh nehmen, deren Farbe vollkommen rot ist, die keinen körperlichen Makel hat und die noch niemals unter einem Joch war. Sie müssen sie dem Priester Elasar geben, der sie aus dem Lager herausnehmen und dort schlachten wird. Der Priester nimmt etwas Blut und verspritzt es siebenmal in Richtung des Begegnungszeltes. Dann verbrennt eine andere Person das Tier, alle Teile einschließlich des Blutes, und der Priester wirft etwas Zedernholz, Ysop und roten Faden in das Feuer. Dann wird ein dritter Mann geschickt, um die Asche einzusammeln, die er in einem rituell reinen Platz außerhalb des Lagers lässt. Alle drei an dieser Zeremonie Beteiligten werden dadurch rituell unrein.

Es gibt eine ganze Anzahl verwirrender Aspekte dieser Zeremonie. Anders als alle anderen Opfer wird es außerhalb und nicht innerhalb des Lagers ausgeführt. Anders als bei anderen Opfern wird das ganze Tier verbrannt, während sonst die Innereien weggelassen werden und das Blut auf den Boden ausgegossen wird. Das Endprodukt soll ein Material ergeben, das gebraucht wird, um Menschen wieder rituell rein zu machen, wobei jene, die an dieser Zeremonie teilnehmen, ihrerseits rituell unrein werden.

Materialien werden verschiedene gebraucht, wie Zedernholz und Ysop, und verschiedene Handlungen werden vollzogen, die eindeutig irgendeine Bedeutung haben, die wir nicht länger verstehen können. Zedernholz, Ysop und roter Faden werden an anderer Stelle in einem Ritual gebraucht, um Menschen von einer ernsthaften Hautkrankheit zu heilen, damit sie wieder im Lager aufgenommen werden dürfen (Lev 14,4).

Blut wird in biblischen Zeremonien häufig versprengt. Hier aber ist der Gebrauch dieser Elemente ganz anders und unklar. Da die gesamte Episode mit der roten Kuh geheimnisumwölkt ist, sind wir frei aus ihr zu machen, was wir wollen: So würde ich gerne meine eigene freie Interpretation versuchen.

Das Tier ist eine Kuh, eine Milchquelle und, mit der Zeit, eine Quelle neuen Lebens. Wie der Begriff *adumah* nahe legt, ist es die Farbe des Blutes, die nach der Hebräischen Bibel die Lebenskraft enthält, die Seele, *nefesh*. Das Tier ist noch jung und war noch nicht unter dem Joch. So repräsentiert es alle Möglichkeiten, die uns von der natürlichen Welt angeboten werden: Nahrung, Fruchtbarkeit, Dienst – aber für dieses Tier liegen alle diese Möglichkeiten in der Zukunft. Die Färse hat bis jetzt weder Nahrung noch neues Leben gegeben. Sie ist noch nicht in den Dienst der menschlichen Gesellschaft getreten.

Noch gehört sie in den Herrschaftsbereich ihres Schöpfers, ist noch nicht eingespannt für die menschlichen Bedürfnisse. Sie ist ein Symbol für Leben, für noch bevorstehendes Leben. Aber sie wird sterben, bevor eine dieser Möglichkeiten verwirklicht worden ist.

Die Färse wird aus dem Lager herausgebracht. Sie verlässt die bekannte und kontrollierte Welt, den Platz von Gemeinschaft, religiöser Hierarchien und Strukturen, hin zu einem unbekannten und sogar bedrohlichen Platz. Denn diejenigen, die wegen ansteckender Krankheit beinah ständig rituell unrein sind, sind ebenfalls aus dem Lager geschickt worden. Dies ist der Ort des Exils und möglicherweise der Ort des Todes. Das Tier wird nicht innerhalb des Lagers als Gabe an Gott geopfert (*quorban*), um die Menschen näher zu Gott zu bringen. Vielmehr symbolisiert sein Tod außerhalb des Lagers, das totale Verbrennen und Zerstören all seiner Teile, Distanz zu Gott und letzte Zerstörung im Tod.

Zedernholz, Ysop und roter Faden werden, wie wir gesehen haben, an anderer Stelle in einer Wiederzulassungsfeier verwendet. Sie ermöglichen denen, die einst aufgrund der Gefahr, die sie durch ihre Krankheit darstellten, gezwungen waren das Lager zu verlassen, der Gemeinschaft der Lebenden wieder beizutreten. Doch diese Symbole der Wiederherstellung und Hoffnung werden zusammen mit dem Tier im Feuer verbrannt und zerstört. Von diesem letzten Exil des Todes gibt es keinen Weg zurück.

Auch die drei an der Zeremonie Beteiligten haben dieses gefahrvolle Reich betreten. Ihre Kleider und Körper werden verseucht. Etwas von diesem Ort, von diesem Herrschaftsbereich des Nicht-Lebens, hängt an ihnen und muss abgeschrubbt werden, bevor sie wieder in das normale Leben, die Gemeinschaft der Lebenden zurückkehren können. Ihr Privileg ist es, an der Grenzlinie zwischen Leben und Tod gegenwärtig zu sein. Sie kehren nach Erfüllung ihrer Pflicht ins Leben zurück, aber sie bleiben von der Erfahrung nicht unberührt. Auch sie müssen wiederhergestellt werden.

Die Asche muss außerhalb des Lagers an einem rituell reinen Ort verbleiben. Hier taucht das nächste Paradox auf. Denn es gibt außerhalb des Lagers keinen Platz, der rituell rein ist – es sei denn, die Gegenwart dieser Asche sorgt dafür. Die Begegnung zwischen rituell rein und unrein, zwischen Leben und Tod beginnt sich umzukehren. Wenn Leben vom Tod berührt worden ist, dann kann Tod auch vom Leben berührt werden. Denn diese Asche wird in Zukunft eine heilende Rolle spielen.

Der Kontakt mit den Toten macht in dieser biblischen Welt die Menschen für sieben Tage unrein. Das heißt, sie können sich zwar im Lager, aber nicht im heiligen Bezirk aufhalten. Sie sind Teil der Gemeinde, aber doch für einige Zeit von ihrem religiösen Herzstück ferngehalten. Hier sehen wir die Anfänge der Trauergesetze, die im späteren jüdischen Leben ein bedeutendes Element werden.

Aber in diesem Teil der Bibel liegt die Betonung nicht auf den Bedürfnissen des/der Trauernden, sondern auf der Gefahr, die er oder sie für das Leben der Gemeinschaft darstellt. Hier werden die Bedürfnisse der Gemeinschaft als ganzer dramatisiert, die mit ihrer Existenzbedrohung zurechtkommen muss, denn der Tod eines jeden Individuums betrifft uns alle.

Am Ende dieser siebentägigen Periode wird Wasser mit der Asche der toten Färse auf jene verspritzt, die in der Gegenwart des Todes waren, und sie werden vollständig wieder aufgenommen in die Gemeinschaft und dürfen die Bezirke des Heiligtums wieder betreten. Für einen kurzen Moment betrat jemand das Reich des Todes, um einen Verstorbenen zu begleiten, kehrt aber jetzt zurück. Wieder ist der Tod vom Leben überwunden worden, und die Gemeinde ist wiederhergestellt.

Obwohl wir keine roten Färsen mehr opfern, sind wir doch alle vom Tod in unserem Leben betroffen. Wir haben unsere ausgefeilten Mechanismen, um uns gegen die Unausweichlichkeit des Todes zu schützen, aber auch unsere Wege der Heilung und Wiederherstellung, nachdem wir den Verlust anderer erlitten haben. Doch ich habe mich gefragt, ob dieser Abschnitt für den besonderen Kontext des interreligiösen Dialogs noch eine weitere Bedeutung haben könnte.

Wenn wir unseren Text noch einmal betrachten, gibt es eine offensichtliche Stelle, mit der wir beginnen können. Das gesamte Ritual hängt von den Handlungen dreier Leute ab: Welches Symbol könnte besser für die drei hier vertretenen Glaubensrichtungen geeignet sein? Ohne die gemeinsamen Handlungen aller drei wären die Rituale unvollständig. Unser Text beschreibt also sehr schön, dass wir zwar unterschiedliche Aufgaben haben mögen, aber doch die gleichen Verantwortungen teilen und gegenseitiger Unterstützung bedürfen.

Was heißt das aber für uns hier? Vielleicht, dass auch interreligiöser Dialog davon handelt, die Sicherheit des uns bekannten Lagers zu verlassen und eine unbekannte Welt außerhalb zu betreten, eine Welt, die jenseits unserer vertrauten Hierarchien und Strukturen liegt, ein neutraler Ort, an dem nichts sicher ist. Wenn wir auch nicht eine Domäne des Todes betreten, so doch die eines großen Risikos: Denn wir, die wir auf den und jenseits der Grenzlinien arbeiten, werden von dem berührt, was wir entdecken. Die Rückkehr in unsere eigene Welt ist nicht immer einfach und das, was wir mit uns bringen, für die zu Hause nicht immer verständlich, geschweige denn akzeptabel. Etwas von uns wird nun für immer – teils innerhalb, teils außerhalb – der konventionellen Welt der Traditionen bleiben.

Wir wissen, dass es sowohl innerhalb unseres Lagers als auch außerhalb davon einen Ort gibt, der rituell rein ist. Und wir, die wir das erfahren haben, können diesen Ort immer wieder besuchen und etwas für unsere Gemeinschaften mitbringen, was Leben wiederherstellt.

Ich habe es unterlassen einen Aspekt des Rituals zu kommentieren. Der Priester nimmt etwas von dem Blut und spritzt es siebenmal in Richtung Begegnungszelt, dem Ort, an dem Gott erfahren wird. Vielleicht erinnert das daran, dass auch dann, wenn wir das Lager verlassen und zu dem Ort reisen, der weit weg von Gott zu sein scheint, die Verbindung erhalten bleibt. Entfernung zu Gott ist keine Frage der Geographie. Zumindest das eine wissen wir: Unsere Beziehung mit Gott ist keine Frage der Entfernung, sondern der Richtung, in die wir schauen wollen, ob wir nun eine Zeitlang innerhalb des Lagers bleiben oder das Risiko eingehen, außerhalb zu reisen.

Mögen wir alle in unseren unterschiedlichen Weisen die Nahrung, Fruchtbarkeit und den Dienst entdecken, den die rote Färse symbolisiert. Möge Gott helfen, dass wir unserem Lager die besondere Gabe mitbringen, die wir gefunden haben, die Gabe, die reinigt und Heilung bringt – für uns und unsere Gemeinschaft.

Der Ruf nach Moses

Letzte Woche haben wir in den Synagogen der ganzen Welt die Lesung des Buches Exodus abgeschlossen und heute beginnen wir das nächste der Fünf Bücher Moses, Vajjiqra, Leviticus, was wortwörtlich »Er rief« bedeutet. Am Ende des Buches Exodus lesen wir vom Abschluss der Errichtung des Mischkan, des Tabernakels in der Wüste, des Vorgängers vom Tempel, des Ortes, wo Gott durch Ritus und Tieropfer zu begegnen und anzubeten war. Jetzt, mit Leviticus, werden wir etwas über den Opferkult selbst erfahren, über die verschiedenen Arten von Opfern, die dargebracht wurden, und über die Rolle der Priester und Leviten bei dieser Arbeit.

Genau wie wir hier einen Übergang haben zwischen zwei Büchern der Bibel, so gibt es mit dieser Entwicklung auch einen Hauptübergang im Leben der israelitischen Gemeinde. Zum ersten Mal sind die religiösen Praktiken dieser sich neu heranbildenden Gesellschaft mit Hierarchien der Autorität und der Verantwortung formell institutionalisiert worden. Etwas von der Intimität mit Gott und von der Spontaneität des Gottesdienstes kann unter dem neuen Regime sehr wohl verlorengegangen sein. Wir hören vielleicht einen Hinweis darauf in den Eröffnungsworten unseres heutigen Textes.

Sogar jemand, der oder die das Hebräische nicht kennt, könnte vielleicht etwas Merkwürdiges im allerersten Wort des neuen Buches bemerken: vajjiqra. Die ersten vier Buchstaben sind in der normalen Größe, aber der fünfte und letzte Buchstabe, das »Aleph«, ist reduziert und hängt in der Luft oberhalb der Linie. Wir wissen nicht, warum dies so ist. Vielleicht hat ein Schreiber, der eine frühe Kopie des Buches schrieb, das Aleph aus Versehen ausgelassen und sich dann entschlossen, es oberhalb der Linie hineinzuquetschen. Nachfolgende Schreiber haben es dann einfach auf diese Weise abgeschrieben. Was auch immer der ursprüngliche Grund gewesen ist, so etwas verleitet zu Interpretationen.

Zuerst muss ich ein wenig über zwei hebräische Worte sagen. Sie klingen beide genau gleich, wenn sie ausgesprochen werden: qara. Aber eines davon wird mit Quf, Resch, Aleph geschrieben und das andere mit Quf, Resch, Heh. Quf, Resch, Aleph – qara – ist das allgemeinere und bekanntere Wort. Es bedeutet »lesen« oder »rufen« und auch »begegnen« oder jemanden »grüßen«. Es ist das Wort, das normalerweise verwendet wird, wenn es heißt, dass Gott den Moses oder einen anderen der Propheten »rief«. Von diesem Wort kommt das Substantiv »Mikra«, das »Schrift« bedeutet oder, besser gesagt, das offenbarte Wort Gottes, das laut gelesen wird. Ich brauche hier nicht zu erklären, dass dieselbe Wurzel uns das Wort Qu'ran gibt. Das andere Wort, das auch qara ausgesprochen wird, bedeutet »zufällig geschehen«, »aus Versehen sein«. Dies führt zu mindestens einer schönen rabbinischen Erklärung dafür, warum der Buchstabe »Aleph« kleiner und oberhalb der Linie hängend gedruckt wurde. Als Mose die Worte, die er von Gott erhalten hatte, niederschrieb, begann er »vajjiqra« zu schreiben mit der Bedeutung, dass Gott ihn gerufen hat. Aber da Mose ein so bescheidener Mensch war, fand Mose, es sei ganz unangebracht, so etwas zu schreiben. So schrieb er stattdessen »vajjiqar«, was bedeuten würde, dass Gott einfach auf ihn gestoßen war und zu reden begann. Aber Gott war mit Mose nicht einverstanden und bestand darauf, dass Gott ihn absichtlich ausgewählt hatte und dass er, Mose, das Wort ganz ausschreiben solle. Mose musste gehorchen, aber in seiner Bescheidenheit schrieb er den Buchstaben

Aleph klein, um zu zeigen, dass er nicht so wichtig sei. Weil Aleph der erste Buchstabe des Wortes »ani« oder »anochi« ist, die beide »ich« bedeuten.

Aber jetzt möchte ich meinen eigenen Midrasch einführen. Dieser Eröffnungssatz ist auch aus einem anderen Grunde rätselhaft. Er beginnt: »Vajjiqra el Moscheh vajjedabber Adonai eilav.« Wenn wir diesen Satz wortwörtlich übersetzen, bedeutet er: »Er rief zu Mose und Gott sprach zu ihm ...« Es ist offensichtlich, dass das Subjekt der beiden Verben – rufen und sprechen – Gott ist, aber wir hätten erwartet, dass der Name Gottes mit dem ersten Verb verbunden wäre, so dass der Satz lauten sollte: »Gott rief zu Mose und sprach zu ihm.« So wie der Satz da steht, müssen wir fragen, wer es ist, der Mose ruft. Und wenn es Gott ist, warum wird dies nicht ausdrücklich gesagt?

Ich möchte etwas wieder aufgreifen, das ich vorhin schon gesagt habe, nämlich dass wir es mit einer Übergangsphase von einer vorhergehenden Situation der Spontaneität zu einer geregelteren Situation zu tun haben. Am Ende von Exodus haben wir gehört, dass sogar Mose unfähig war in den Tabernakel einzutreten, wenn die Herrlichkeit Gottes darin gegenwärtig war. Vielleicht war Mose durch die neue Situation zu verwirrt. Bis jetzt hatte er alle religiöse Aktivität kontrolliert und er allein hatte direkten Kontakt mit Gott. Vielleicht sollte dies nicht mehr der Fall sein. Mit der vollständigen Errichtung des Tabernakels und mit einem arbeitenden priesterlichen System war seine Aufgabe vielleicht beendet, und Gott würde überhaupt nicht mehr mit ihm sprechen. Deswegen wusste er nicht, was es bedeutete, als eine Stimme ihn rief. War es nur seine Einbildung? Hörte er wirklich diese Stimme, oder war dies nur ein Wunschdenken seinerseits? Deswegen beginnt der Text, indem er sagt: »Er rief den Mose«, und dann muss ein zweites Verb hinzugefügt und ausdrücklich gesagt werden, dass es tatsächlich Gott war, der mit Mose sprach. Deswegen wird das erste Wort auch auf so merkwürdige Weise geschrieben. Es ist, als ob die Thora, genau wie Mose, nicht sicher war, ob dies ein wahrer Ruf Gottes war, der zu dem Zeitpunkt an Mose erging, oder ob es einfach eine Stimme ohne Bedeutung war, ein bloßes Geschehen, etwas, das ohne Bedeutung war.

Vor vielen Jahren habe ich bemerkt, dass die Unsicherheit bezüglich der wahren Bedeutung dieses Rufes an Mose noch eine andere Dimension hat. Ich habe erwähnt, dass das Wort Mikra, Schrift, von der Wurzel qara kommt, mit Aleph geschrieben – rufen oder lesen. Es gibt aber ein ähnliches Wort, Mikreh, das von der Wurzel qara mit Heh kommt, und Mikreh bedeutet »ein Zufall«, ein bloßes Versehen. Wie Mose treffen auch wir Entscheidungen bezüglich der Ereignisse in unserem Leben. Sind sie Mikreh oder Mikra – sollen wir sie als bloß willkürliche Geschehnisse, Zufälle ohne Bedeutung verstehen oder stattdessen als unsere eigene Schrift, die wir während unseres gesamten Lebens verfassen, eine Art persönliche Offenbarung, die wir anerkennen müssen und nach der wir zu handeln haben. Die meiste Zeit ist es überhaupt nicht klar, was tatsächlich geschieht. Wie Mose müssen wir lernen, immer wieder hinzuhören, um sicher zu sein, dass wir die Stimme, die uns ruft, verstanden haben. Oder wir müssen darauf vertrauen und so handeln, als ob alles, was uns geschieht, auf irgendeine Weise die Stimme Gottes ist, und so müssen wir es selbst in Schrift verwandeln durch unsere eigene Entscheidung und durch die Art, wie wir infolgedessen handeln.

Aber es gibt noch eine Art dies zu verstehen. Vielleicht hat Mose die Dinge tatsächlich auf andere Weise gesehen. Es war nicht Bescheidenheit, die ihn dazu veranlasste, den letzten Buchstaben von vajjiqra auszulassen, noch war es, weil er bezweifelte, dass Gott ihn gerufen hatte. Stattdessen wollte er uns sagen, dass jede Begegnung potentiell eine Offenbarung enthält. Jede Begegnung mit einem anderen Menschen, mit dem oder der anderen, ist eine Einladung, etwas über Gott zu entdecken – Gott innerhalb des Lebens des oder der anderen und auch innerhalb unseres eigenen

Lebens. Denn genau wie Gott unendlich ist, so sind die Dinge, die wir in der Begegnung mit einem anderen Menschen lernen können, unendlich. Das heißt, wenn wir lernen ihnen zuzuhören und auch dem Echo dessen, was sie sagen, indem es in uns arbeitet. Dann wird Mikreh, eine Zufallsbegegnung, zu Mikra, Offenbarung, jeder Zufall wird zu einer Gelegenheit. Jede Stimme, die uns ruft, ist potentiell die Stimme Gottes.

Ich möchte schließen, indem ich einen anderen Vers zitiere – einen anderen, in dem Mose Gott im Tabernakel begegnet. Wieder gibt es ein ungewöhnliches Wort, das ein tieferes Verständnis offenbart. In Numeri 7,85, dem letzten Vers im längsten Kapitel der Fünf Bücher Mose, steht: »Wann immer Mose in das Zelt der Begegnung kam, um mit Gott zu sprechen, hörte er die Stimme, die zu ihm sprach ...« Das Verb für »sprechen« ist »meeddabber«, und diejenigen unter euch, die Hebräisch können, werden erkennen, dass diese Form des Verbs sehr ungewöhnlich ist. Man würde stattdessen das Wort »m'dabber« erwarten. Die grammatikalische Form ist nicht die Intensivform des Verbs »sprechen«, sondern die »Reflexivform«, die Form, die für einen inneren Prozess steht. So wird hier angedeutet, dass Gott nicht direkt mit Mose oder sonst irgendjemandem sprach, sondern eher, dass irgendeine Form des inneren Gespräches innerhalb Gottes stattfand. Es ist, als ob ein kontinuierliches Wort zu jeder Zeit von Gott her kommt, und Mose hört diesem innergöttlichen Monolog sozusagen am Schlüsselloch zu. Es ist nicht, dass Gott nicht zu uns spricht, sondern vielmehr dass wir nicht wissen, wie wir der Rede, die in Ewigkeit gegenwärtig ist, zuhören sollen.

Wir enden, wie wir begannen, mit dem Geheimnis des Eröffnungswortes vajjiqra. Jemand ruft uns, jemand stößt zufällig auf uns, und der fehlende Buchstabe schwebt vor uns in der Luft. Wir allein können das Wort vervollständigen und dem, was wir hören, Sinn geben, und wir allein können Gott entdecken in jenen zufälligen Begegnungen mit anderen, die wir auf dem Weg treffen.

Gott, der du alles geschaffen hast, wir beten in Ehrfurcht zu dir, getrieben von dem Traum, dass ein harmonisches Zusammenleben zwischen den Menschen möglich ist. Wir kommen aus den unterschiedlichsten Traditionen, wir sind geprägt von gemeinsamen Glaubens- und Lebensweisheiten, aber auch von tragischen Missverständnissen; wir teilen große Hoffnungen und erste bescheidene Erfolge. Jetzt ist es für uns an der Zeit, dass wir einander im Bewusstsein unserer Vergangenheit begegnen, mit ehrlichen Absichten, mit Mut und der Bereitschaft, einander zu vertrauen, in Liebe und Zuversicht.

Lass uns das, was wir teilen, als gemeinsames Gebet der Menschheit vor dich bringen; und lass uns das, was uns trennt, als Zeichen der wunderbaren Freiheit der Menschen ansehen. Lass uns in unserer Verbundenheit und in unserer Verschiedenheit nicht vergessen, dass du, Gott, ein und derselbe bist.

Möge unser Mut unseren Überzeugungen gleichkommen, und möge unsere Aufrichtigkeit so groß sein wie unsere Hoffnung.

Möge unser gemeinsamer Glaube an dich uns einander näher bringen.

Mögen unsere Begegnung mit der Vergangenheit und unsere Erfahrungen in der Gegenwart Segen bringen für unsere Zukunft. Amen.

Verzeichnis der Beiträge

Vorwort
Übersetzung: Ulrike von Essen

Interreligiöser Dialog – einige persönliche Reflexionen
Vortrag, Interreligiöses Treffen in Osnabrück, 11. September 1998, *Übersetzung*: Annegret Möllers

Über das Risiko im religiösen Dialog
31st St Paul's Lecture, St. Botolph's Church, Aldgate, London Nov 19, 1992

Der Dekalog – jüdische Grundlagen des Ethos der monotheistischen Religionen
In: Johannes Lähnemann (Hg.), Das Projekt Weltethos in der Erziehung (Pädagogische Beiträge zur Kulturbegegnung, Band 14), E.B. Verlag, Hamburg 1995, S. 44-50

Judentum und Weltethos
In: Hans Küng (Hg.), Ja zum Weltethos. Perspektiven für die Suche nach Orientierung. München/Zürich 1995.

Jesus eint – Jesus scheidet. Jesus in jüdischer Sicht
Vortrag, Kölnische Gesellschaft für christlich-jüdische Zusammenarbeit, 8.-10. Dezember 1996

Wenn ich sehe, was Christen mit der Bibel machen ...
In: Friede über Israel: Zeitschrift für Kirche und Judentum 1/'99, S. 5-15, *Übersetzung*: Arnulf H. Baumann

Bibelarbeit zum interreligiösen Dialog auf dem Kirchentag 1999
Bibelarbeit und Koranmeditation im Trialog, 17. Juni 1999. Mit Bischof Prof. Dr. Wolfgang Huber, Dr. Nadeem Elyas, Vorsitzender des Zentralrats der Muslime, und Prof. Jonathan Magonet, Leiter des Leo Baeck College, London

Mohammed eint – Mohammed scheidet. Eine jüdische Sichtweise
Trialog – Tagung Köln, 14.-16. September 1998

Die Herausforderung des interreligiösen Dialogs für die Juden
Vortrag, World Union for Progressive Judaism International Convention, Paris 2 July 1995. *Übersetzung:* Sonia Ginzel

Das Geheimnis der roten Färse
»Ständige Konferenz von Juden, Christen und Muslimen in Europa« (JCM), Bendorf, 16.-23. März 1998

Der Ruf nach Moses
Ebd., 15.-22. März 1999

Gebet bei interreligiösen Begegnungen
In: Forms of prayer for Jewish Worship, Daily Sabbath and Occaisional Prayers, The Reform Synagogues of Great Britain, London 1977, S. 297 (Deutsche Ausgabe: Das jüdische Gebetbuch I, Gebete für Shabbat, Wochentage und Pilgerfeste. *Übersetzung*: Annette Böckler, Gütersloher Verlagshaus 1997, S. 573)